Valentina Ferrari

L'arte di restare a galla

ROMANZO

MONDADORI

librimondadori.it

L'arte di restare a galla
di Valentina Ferrari
Collezione Narrative

ISBN 978-88-04-73526-7

Pubblicato in accordo con Piergiorgio Nicolazzini Literary Agency (PNLA)
I edizione febbraio 2021

Narrative

L’arte di restare a galla

A Fausto Ferrari,
ovunque vada, ti porto con me.

A tutte le Amelia lì fuori,
non dimenticate d’avere coraggio,
andrà tutto bene.

-7

~~La Ever Laurel era una nave cargo che, nel 1992, salpò da Hong Kong per raggiungere Tacoma. Uno dei container trasportati nascondeva al suo interno circa 28.800 animali di gomma galleggianti.~~

Aveva aperto gli occhi a fatica, la testa ancora incastrata nello spazio tra il lavandino e il termosifone.

«Hai capito quello che intendo?»

«Sì.»

Le ci era voluto più tempo del previsto per alzarsi in piedi, raccogliere le sue cose da terra, ~~trascinarsi~~ cambiare stanza, versare l'acqua nel bollitore.

«È importante che mi consegni quel pezzo per la prossima settimana.»

«Capisco.»

E dopo aver bevuto il tè, insieme a una pastiglia di Maalox, ed essersi scottata la lingua, aveva controllato l'ora.

«Non oltre.»

«Entro la prossima settimana lo avrai.»

In ritardo, aveva preso il fon, attaccato la spina in cucina e iniziato ad asciugare, sul ripiano del lavello, il paio di mutande che avrebbe indossato.

«Lo capisci, no? Doveva esser pronto già per oggi, ti sto dando una proroga.»

«Lo capisco, grazie.»

E mentre l'aria calda gonfiava i fiorellini stampati sul tessuto, lei aveva fissato, assente, le gocce di calcare appannate contro l'acciaio, con metà plumcake che le pendeva dalla bocca.

«Vorrei che la direzione in cui stiamo andando fosse chiara a tutti. I nostri articoli devono essere un marchio di fabbrica.»

«Certo.»

Alla fine si era infilata l'intimo ancora umido sotto ai jeans, aveva raccolto i capelli in una coda spettinata, tirato due linee asimmetriche di eye-liner, ed era uscita di corsa per raggiungere Daniel in redazione.

«Portami qualcosa di vivo, di fresco. Qualcosa a cui non sappia dire di no.»

Amelia strinse le spalle nel maglione.

Provava un recondito piacere nell'estraniarsi senza che lui se ne accorgesse; la schiena dritta contro la sedia, le palpebre spalancate, il mento che si muoveva assecondando la cadenza delle parole. A volte lo immaginava nel bel mezzo di operazioni estremamente delicate, come l'arricciarsi la punta dei baffi nel suo open-space, fermarsi di colpo per soppesare, compiaciuto, l'abbinamento bretelle-occhiali. Di rimando, nello specchio, l'espressione patetica di chi riserva un certo rigore solo agli affari degli altri.

«Ti prego, non pensare che la mia sia cattiveria, cerco solo di seguire il flusso.»

Amelia dovette contrarre ogni muscolo del viso per non rischiare di ridergli in faccia. Seriamente, aveva detto *seguire il flusso*.

Daniel si era alzato, probabilmente per dare corpo al proprio discorso. Aveva allontanato la poltroncina con un colpo secco, a palmo aperto, tanto che la pelle di cui era foderata aveva fatto quel rumore simile a uno strappo, ed era finito a gesticolare sotto il poster di Capitan America.

La stanza non era troppo grande e il poster prepuberale sembrava poterla calamitare e inghiottire da un momento all'altro, pile di libri logori e scrivania del rigattiere comprese.

«Scrivi la storia di quelle paperelle, falle tue!»

Amelia annuì distrattamente, e non perché quel farneticare, a cui si era ormai assuefatta nel corso dell'anno, la interessasse poco o niente, ma perché d'un tratto la gola le si era fatta amara, allarmandola.

Le era infatti rivenuto in mente che solo poche ore prima, dopo aver bevuto uno, forse due, *sicuramente tre* bicchieri di vodka, aveva stilato, seduta sul pavimento del bagno, un elenco dal titolo *Perché la mia vita è un completo disastro*, scritto in un bel corsivo su un foglio spesso, nel quale aveva sintetizzato i motivi per cui (vedi sopra) la sua vita era un completo disastro:

1. Ho studiato giornalismo e lavoro per una rivista online di hipster.
2. Visto che gli hipster mi pagano solo cinquanta euro a pezzo, devo portare a spasso il cane della signora Masi.
3. Visto che gli hipster mi pagano cinquanta euro a pezzo, e la Masi invece quando si ricorda, devo portare birre ai tavoli fino alle due di notte.
4. Visti i punti 1, 2 e 3, aggiungo: vivo nella cantina dei miei e dormo su un letto a soppalco troppo vicino al soffitto.
5. Ho un fidanzato che pensa che scrivere poesie sia un lavoro vero.
6. Tra una settimana compio trent'anni.
7. Avvistata una ruga sospetta.
8. La mia migliore amica è incinta.
9. Quanti anni mi mancano per mettere al mondo un figlio?

Alla fine, tra la complessità del punto 9 e l'urgenza del punto 10, pensando alle sue ovaie lasciate a marcire Amelia aveva vomitato sulla lista.

Non contenta, ne aveva fatto una bella palla per poi tentare un canestro nel water che, malauguratamente, le era riuscito.

Con la lingua impastata ora cercava di ricacciare giù la saliva stantia che le riempiva la bocca. In fretta, prese l'acqua nella borsa per scongiurare una recidiva.

«Non sai quante visualizzazioni abbiamo fatto grazie all'articolo di Maria Camilla.»

«Quello sui gatti?»

«Eh già. La gente lo ha amato. C'era da aspettarselo, d'altronde si tratta di esperienze di vita. Noi dobbiamo, ripeto *dobbiamo*, dargli questo. È il nostro tacito patto con il lettore.»

Amelia sorrise placida: era solo questione di tempo prima che Maria Camilla e il suo maglione giallo infeltrito vincessero il Pulitzer per il reportage dal fronte: *La settimana in cui ho frequentato solo i miei gatti.*

«Sono sicuro che potresti farcela anche tu. Devi solo crederci e avere fiducia in te stessa. Io ti sto dando prova della mia fiducia, dimostrami che non mi sbaglio.»

Se dice un'altra volta fiducia poso l'acqua e gli vomito sulla scrivania, giuro.

«Certo.»

«Ormai è più di un anno che lavori qui.»

Le risultava facile ripercorrere ognuno di quei trecentosessantacinqueepassa giorni e pentirsene come fosse la prima volta.

«E anche se apprezzo molto il tuo modo di scrivere, il tuo punto di vista sulle cose che ti circondano, ho come l'impressione che tu non creda abbastanza nel progetto complessivo, che ti sfugga la visione d'insieme.»

Si era fermato, così come si ferma sulla punta delle parole chi sta per dire qualcosa di importante.

«Se non riesci ad afferrare il *mood*, mi dispiace ma,» si era voltato, gli occhi fissi sul pacco di Capitan America «scusa la franchezza, penso che dovremmo interrompere la nostra collaborazione.»

«Capisco. O scrivo la cosa sulle paperelle di gomma, o sono fuori.»

Capitava che Amelia avvertisse il forte desiderio di piangere e si accorgesse di non avere il tempo per farlo realmente, allora deglutiva.

Ultimamente deglutiva spesso.

«Sono sicuro che non dovrai preoccupartene troppo.»

«Sì, certo.»

«Bene, allora ci siamo detti tutto, scusami ma ora devo proprio scappare, ho un appuntamento importante.»

Daniel prese il cellulare dalla scrivania e, senza alzare lo sguardo, corse ad aprire la porta. Amelia non aveva mosso

un muscolo appesa alla sua sedia, come un pappagallo lasciato su un trespolo.
«Comunque ci sentiamo.»
«Sì, ci sentiamo...» Nel momento in cui la porta si chiuse schiacciando la stanza, stava dicendo, con il filo di voce che le era rimasto: «Ti scrivo io».
Amelia deglutì.

La pioggia scivolava in sottili linee senza fine sul parabrezza. Era una pioggia accennata, che le bagnava il collo scoperto e indugiava sulla schiena nel suo passo rapido. Ma, una volta infilato il casco, schiacciati i capelli umidi ormai sciolti, nulla le impedì di guidare in fretta verso casa, con lo stomaco stiracchiato, un po' per i residui dell'alcol, un po' per quello che le aveva detto Daniel.
Strascichi di discorso le si erano infilati sotto la pelle, sostavano con il loro peso, indesiderati, come innesti altezza sterno, e, ora, la costringevano a respirare a bocca aperta – somatizzava tacita, come meglio poteva, il mondo intorno a lei. La difficoltà stava nell'imparare a gestire un dolore sommesso a cui non avrebbe saputo neanche dare un nome.
Non riusciva a scrivere l'articolo.
Non riusciva a scrivere.
Non riusciva.
Una sottrazione di se stessa nell'addizione delle cose che continuamente le davano la prova di non essere abbastanza.
In fondo, non era per questo che, seduta nel bagno dove poi si era svegliata, nel momento in cui aveva perso ogni inibizione, aveva scritto la lista nell'esercizio di visualizzare la forma accartocciata del proprio malessere? Poteva riconoscere ora, con le punte dei capelli che le solleticavano le labbra asciutte, che lo slancio di un'ubriaca prudente non era servito a nulla: si era limitata a lasciare su un foglio tutti quei punti che non andavano da nessuna parte, e, senza andare da nessuna parte, si restava bloccati. Irrimediabilmente persi.

Controllava l'ora a ogni semaforo, dandosi il tempo con i piedi, l'aria a bocca aperta in mezzo ai clacson nel traffico.

A metà strada il telefono nella tasca si era messo a vibrare contro il suo fianco e allora lo aveva fatto scivolare a fatica nel casco senza togliere gli occhi dalla strada, la testa inclinata, la spalla alzata per reggere l'incastro.

«Pronto?»

«Ame mi senti?»

«Sì, cioè forse. Andre?»

«Sì, non hai visto il nome?»

«No, sto guidando.»

«Dài ti chiamo dopo allora.»

«Cosa?»

«Ti chiamo dopo, dico.»

«No, no, parla pure, alza la voce però.»

«Volevo sapere come stavi, ieri sera sei sparita.»

«Scusa, mi sono addormentata, ero molto stanca, tutto bene comunque.»

«Ti sei addormentata alle sette?»

«Come?»

«Alle sette. Ti sei messa a letto alle sette?»

«Non ho controllato l'ora.»

«Mi hai mandato l'ultimo messaggio alle diciannove e zero quattro.»

«Non... la freccia cazzo, la freccia!»

«Sei sicura che non preferisci che ti chiami più tardi?»

«Sicura. Scusa, la gente non sa guidare. È solo che più tardi non ho tempo. Sto andando a prendere il cane.»

«Capito. Oggi io rimango chiuso a scrivere.»

«Come ieri.»

«Allora lo vedi che non mi hai risposto perché eri incazzata.»

«Eh?»

«Hai capito benissimo.»

«No, ti ho detto che ero stanca.»

«Allora hai sentito.»

«Sì, non ero e non sono incazzata.»

«Hai detto "come ieri" con il tono da frecciatina.»

«Ti sbagli, è il tono di una che sta cercando di non andare a sbattere sotto la pioggia.»

«E allora ti chiamo dopo.»

«Oggi non ce l'ho un dopo, ieri ce l'avevo ma tu dovevi scrivere.»

«Ecco! Lo vedi?»

«Sto scherzando, dài.»

«Comunque anche oggi scrivo, ci sono questi versi che mi girano in testa... devo finire.»

«Sì, tanto ci vediamo domani.»

«Domani?»

«Alla festa di Virginia.»

«Cazzo!»

«No Andre, è la festa di Virginia, lo sai da almeno due settimane.»

«Sì, sì, ok, è che mi era passato di testa, avevo preso un altro mezzo impegno.»

«Cancellalo, spostalo. È importante. Ha mandato sul gruppo quella sfilza di vocali da due minuti e mezzo l'uno.»

«In realtà è una cazzata, lo sai, sì?»

«Lei ci tiene, quindi non lo è.»

«Ma dài, lo pensi anche te, è una roba che fanno solo gli americani e Virginia.»

«Ma Virginia è la mia migliore amica.»

«Appunto, la *tua*.»

«Ma tu sei il mio ragazzo. E poi su quel gruppo ci sei anche te.»

«Senti, lo sposto, va bene, ti accompagno.»

«Lo sapevi da due settimane!»

«Ho capito, vuoi ripetermelo un'altra volta? Dài, ora vado, mandami un messaggio quando sei libera.»

«Andre?»

«Sì?»

«Comunque per l'articolo delle paperelle mi hanno dato un'altra settimana, nel caso te lo stessi chiedendo.»

«Sapevo che sarebbe andata bene.»

«Certo.»
«Sì, tu alla fine te la cavi sempre.»
«Ma se non lo consegno la prossima volta mi licenziano.»
«Ah. Ma tanto lo consegni, no?»
«Me la cavo sempre, lo hai detto tu.»
«Ne sono convinto. Se vuoi domani ne parliamo.»
«Sì, domani.»
«Sempre lo stesso tono, eh...»
«È il mio tono, non ne ho un altro, mi dispiace.»
«Ti amo.»
«Anche io.»

Lasciò il motorino sotto casa, occupando più spazio del dovuto senza curarsene, e salì due a due i gradini delle scale, fino a rimanere senza fiato sulla porta della signora Masi. La signora Masi abitava all'ultimo piano (ce ne voleva un sacco di fiato) ed era troppo anziana per portare fuori il cane – che i figli avevano pensato bene di regalarle per riempire il vuoto creatosi dopo la triste dipartita del signor Masi –, così le dava settanta euro a settimana affinché ci pensasse lei, tre volte al giorno, al posto suo. Il cane, Otto in arte Ridge, era un pechinese marrone che somigliava incredibilmente all'attore della soap opera più seguita della Storia.

Amelia bussò alla porta.

Contò fino a tre e bussò nuovamente, un po' più forte.

1, 2, 3, ricominciò a contare decisa.

Tutto bene, non c'era niente di cui preoccuparsi, il più delle volte la terza bussata era quella buona. Quando invece la signora Masi dimenticava l'apparecchio acustico sul comodino/dentro il lavabo/nel frigorifero dietro l'arrosto della domenica, be'... diciamo che non eri poi così fortunato.

«Amelia.»

Era andata bene, almeno da quel punto di vista.

«Eccomi, Otto è pronto?» recitò Amelia, giusto qualche ottava sopra la norma.

«Prontissimo.»

Il cane, con il gilet celeste già indosso, alzò gli occhi al cielo (ok, forse il cane non alzò propriamente gli occhi al cielo ma l'impressione fu quella).

Il problema è che Otto in arte Ridge era parecchio pigro e non aveva mai voglia di uscire. D'estate soffriva il caldo, d'inverno mal tollerava il freddo (da qui il minigilet in pile). Andava matto per la sua cuccia in piume d'oca e per il piatto di avanzi che la signora Masi continuava a riempirgli dopo ogni pasto, un po' meno invece per Amelia e i suoi arrivi improvvisi che lo disturbavano negli amati riposini quotidiani.

Tuttavia Amelia era la sua guastafeste preferita.

Quindi, non appena la sentiva correre per le scale – Amelia andava sempre di corsa, e i cani, a differenza dei loro padroni, hanno un ottimo udito – alzava gli occhi al cielo a suo modo e, rassegnato, si avvicinava al guinzaglio strusciando il sederotto sul marmo.

«Andiamo *Ri*... Otto.»

«Bene, vi aspetto qui allora, guardo un po' di tv nell'attesa.»

«Perfetto, a dopo signora.»

«A più tardi Amelia, e tu fai il bravo, amore della mamma, stai attento.»

La signora Masi aspettò di vederli sparire lungo le scale per chiudere la porta alle loro spalle e tornare alla sua telenovela argentina.

«Dài, Ridge, non mettermi il muso come al solito, devi fare la cacca e non è colpa mia.»

Otto in arte Ridge la ignorò cercando di tenere il passo delle sue Converse usurate.

«I tuoi amichetti saranno già lì ad aspettarti, oggi siamo un po' in ritardo, finora è stata una mattina da dimenticare, ma tranquillo, ti racconto mentre andiamo.»

Passarono il portone, percorsero il viale stretti tra i palazzi anni Trenta del quartiere Trieste – Amelia lo trascinava con gentilezza, continuando a parlare, più a se stessa che al cane –, svoltarono a sinistra e arrivarono ai giardinetti.

I loro amici erano già lì ad aspettarli, com'era scontato che fosse.

Amelia liberò Otto in arte Ridge e andò a sedersi al suo posto (sì, ne aveva uno) tra Milvia e Lidia, di fronte a Viola e Alberto, sulla panchina.

«Senti, 'o sai che c'è? Fa' 'n po' come te pare.» Milvia alla sinistra di Amelia stava urlando contro sua sorella Lidia.

«E che mo'o devi dì te? Ma guarda 'n po' questa! Che sò nata a notte da'a sgrullata?» Lidia urlava alla destra di Amelia contro sua sorella Milvia.

Amelia si sporse in avanti verso Viola e Alberto, che in silenzio le avevano fatto un timido cenno con la mano libera appena era arrivata. Poteva dire con certezza di averli visti poche volte l'uno senza le dita intrecciate nella mano dell'altra.

«Già così stiamo? Cosa mi sono persa?»

Alberto alzò le spalle nel suo bel cappotto blu, che non fece una grinza al movimento.

«Solita storia.»

«Sempre quella del centro anziani?» chiese Amelia in un sussurro, che non sfuggì a Milvia.

«Qua'a vecchia stronza der centro anziani vorrai dì, regazzi'.»

«A Milvia, c'hai settantaquattr'anni, sveja, tra l'altro sei 'n po' stronza pure te a fissatte pe' 'na storia de briscola, mo t'ho 'o detto.»

«Se io sò vecchia, te fischi!»

«Lidia tu non sei più piccola di un anno?» Viola si intromise nel discorso inclinando appena il viso, facendo scivolare gli occhiali giù per il naso scavato; per fortuna erano appesi a una cordicella rosa pallido, la stessa tonalità che Amelia avrebbe accostato alla sua voce, ancora quasi da bambina.

«Undici mesi, se volemo esse precisi, Vio', nemmeno j'ha dato er tempo de ripiasse a qu'a pora madre, subito a rompe er cazzo.» Milvia si sistemò il colbacco di pelliccia e fece per accendersi una sigaretta fina, stretta tra le labbra scure. Lidia per tutta risposta si limitò a far schioccare la lingua.

«Bene. Ora che si sono un po' placate le acque, se avete

finito di punzecchiarvi, Amelia può raccontarci come è andata con il suo capo.»

Alberto continuava a stringere la piccola mano di Viola.

Possedeva il raro dono di far sentire le persone a proprio agio: con la postura sicura sigillata da quel gesto saldo, parlava ad Amelia con un tono che la faceva sentire a casa.

«Non bene, se non scrivo un articolo che avrà un bel po' di successo sono fuori.»

«'N po' stronzo.» Milvia sputò una nuvola di fumo sulla faccia di Amelia.

«Sì, 'n po' stronzo.» Amelia si afflosciò sulla panchina, le mani nelle tasche larghe del giubbotto.

«Daje regazzi', nun fà così, scrivijelo.»

«Eh, lo so, magari mi prestate i volpini per una settimana e scrivo *Una settimana con i cinque volpini di Milvia e Lidia*, tanto è questo quello che vuole.»

«Ce fai diventà famose, regazzi'?»

«Magari.»

Lidia si era alzata in piedi, una mano sulla fronte, per coprirsi gli occhi da un sole immaginario.

«Oh Gasto', e finiscila!»

«Che sta a fà?»

Milvia non si mosse dalla panchina, né smise di guardare Amelia.

«Sempre dietro ar culo de Penelope.»

«E che cojoni.»

«Gastone t'ammazzo se nun te levi da là, te devi da levà.» Lidia, con la mano sempre nella solita posizione, ora guardava Alberto. «Voi continuate, 'n ce fate caso che Gastone è 'n po' stronzo.»

«Pure lui?»

Alberto rise, Viola imitò il marito. Succedeva spesso che ridessero così, l'una a cascata dell'altro, come se fossero due appendici di un solo corpo. «'Nsomma, dicevi, regazzi'?»

Ogni volta che Milvia faceva un tiro di sigaretta lasciava sul filtro una sbavatura color prugna senza contorni.

«Eh niente, mi licenziano.»

«Sempre tragica.»

«Quando finirò in mezzo a una strada, verrò a vivere qui sulla nostra panchina, e voi potrete portarmi le arance.»

«Mica te mettono ar gabbio eh.»

«Amelia, ma tu non abiti nella cantina dei tuoi genitori?»

«Sì, Viola.»

«Quindi tranquilla, non finirai in mezzo a una strada.»

Amelia le sorrise. Viola e la sua voce di panna, spalmata su domande spesso retoriche, erano sempre la scusa per farla sorridere.

«Al massimo va a vive dar regazzetto suo. A Penè, e che cazzo, pure te però, sempre a fatte annusà. Come se chiama er poeta maledetto, Ame'?» Lidia senza voltarsi parlò dalla posizione di vedetta.

«Andrea.»

«Ah è vero, come er fijo de questa.»

«Aho, questa 'o dici a tu' sorella.»

Si girarono tutti verso Milvia.

«Oh che volete, uno nun pò nemmeno fà 'na battuta. Fatevela 'na risata che magari domani ve svejate sotto a 'n cipresso.»

«Grazie Milvia, ma speriamo di no.»

«Prego Albe', comunque regazzi' che dicevi der regazzetto tuo?»

«Vive con i suoi, non potrei trasferirmi nemmeno da lui.»

«Eh, voi volete fà l'artisti, volete fà...»

«Fanno bene Li', Amelia è intelligente, ha studiato e un giorno darà filo da torcere a tutti quanti.» Alberto le fece l'occhiolino.

«Per ora il lavoro al pub mi permette di fare anche tutto il resto, poi vedremo.»

«Regazzi' però devi fà qualcosa pe' 'ste occhiaie, domani te porto un contorno occhi bono.»

«Grazie Mi', ho passato una nottataccia... A proposito, potrei vomitare da un momento all'altro.»

«Annamo bene, non sur visone mio eh!»

«Eri agitata per questa mattina?»

«Diciamo, Alberto, che è tutto un casino.»

«Amelia, devi tranquillizzarti, non puoi continuare così, stella mia.»

«Quando avrò il tempo per farlo, lo farò.» Sentì di dover prendere l'aria da qualche parte. «Svegliati, porta Ridge a fare i bisogni, riportalo a casa e aspetta dieci minuti dietro la porta della Masi che lei si accorga di te, riscendi, mettiti nel traffico, trova parcheggio, vai a sorbirti la ramanzina, nuovamente traffico, prendi Ridge, riportalo sperando di essere più fortunata sui tempi d'attesa, scendi, motorino, indovinate?, sempre traffico, poi lavoro.»

«Respira, regazzi', m'hai messo 'n'ansia, te 'nvece do' stai annà?»

«Aho Mi', ma sempre a guardà me stai, stai a parlà co' Amelia, e parla!»

«Devi annà a dà fastidio a quer poro cane?»

Lidia si allontanò senza rispondere, una scia di vaniglia pressata aleggiò per un poco dietro di lei.

«Niente, deve annà a dà fastidio a quer poro cane, io jo dico lasciali fà, sò come regazzini, ma te m'hai sentito? Così lei. È pure 'n po' sorda, ma vabbè 'n c'entra mo'. Nun je lo dite però, fateme 'sto favore, che se 'ncazza come 'n furetto.»

«E chi glielo dice, vai tranquilla.»

Amelia prese la borsa, il guinzaglio, e chiamò Otto in arte Ridge.

«Ragazzi mi dispiace ma devo andare, il lavoro mi chiama.»

«Se, mo' se chiama lavoro, a Lidia l'hai sentita?»

«Cosa? De che state a parlà? Nun ve sento da qua.»

Amelia stava in equilibrio sulle ginocchia per agganciare il guinzaglio al collare di Otto in arte Ridge, che nel frattempo si era educatamente seduto.

«Dice che va a lavorà ma secondo me va dar fidanzato.»

«No, giuro, magari potessi.»

«Se, lallero.»

«Milvia non stressare la ragazza.»

«Albe', ma statte zitto, se scherza qua, se scherza, no?» Milvia strizzò l'occhio in direzione di Amelia.

«È bello eh? Il lavoro, vojo dì.»
«Stressante.»
«Be', mica m'o sò scerto io, regazzi'.»
«Ero giovane e ingenua.»
«Perché mo che sei?»
«Non più così giovane, sempre ingenua... Ora però devo proprio andare, mi dispiace, ci vediamo domani, ciao Lidia!»
«Ciao Ame', a domani, non infrange troppi cuori me raccomanno.»
«Questo non posso proprio promettertelo.»
Amelia rise, e Otto in arte Ridge, sognando la cuccia, trascinò le Converse a casa, ultimo piano.

Il retro del locale aveva un'uscita di sicurezza che dava su un piccolo cortile chiuso: una catena foderata di plastica rossa sembrava poter tenere, ancora per poco, in piedi il cancello, unendolo alla ringhiera.

Un quadrato di cemento, con i vari contatori al suo interno, stava al riparo sotto una tettoia. Quando non accennava a smettere di piovere, Amelia si arrampicava lì per fumare e riposarsi. Poggiava la testa al muro e le ginocchia al petto, finché non era ora di rientrare a servire l'ennesimo tavolo.

Aveva appena socchiuso gli occhi, quando la porta alla sua sinistra si aprì e richiuse con un suono sordo. Amelia allora si voltò, e vide Federico.

Camicia bianca, pantaloni scuri, la scrutava nella sua stessa divisa da lavoro e lei pensò che per qualche strano motivo su di lui sembrava diversa.

«Scusa, ho perso la cognizione del tempo, rientro subito.»
«No, tranquilla. Volevo chiederti se me ne potevi dare una.»
«Certo.»

Sfilò prima il pacchetto dalla tasca, poi la sigaretta dal pacchetto.

E prendendola morbidamente dalle dita di lei, lui disse:
«Credo sarà l'ultima per stasera, tra mezzora arrivano i due gruppi delle lauree.»

«Già.»

«Accendino?»

Amelia si allenava a creare piccoli cerchi di fumo sopra le loro teste – cercava di apparire sempre impegnata in presenza di Federico, perché lui la fissava in un modo che lei trovava fastidiosamente tenero, e quando le poneva delle domande era come se davvero gli interessasse conoscere poi le risposte.

Come quella volta in cui era stata poco bene e si era assentata dal lavoro giusto un paio di giorni, e lui le aveva scritto puntuale, entrambe le mattine, per sapere come stesse. Il suo ragazzo le aveva detto che di vomito non era mai morto nessuno, allegando una faccina che spruzza verde dalla bocca. Amelia non riusciva a perdonargli la gentilezza, l'accortezza con cui la costringeva al costante paragone tra le sue attenzioni da semplice collega e le ripetute mancanze di Andrea.

Si era sempre più scoperta , non per sua volontà, vulnerabile e sciocca, con le spalle inchiodate a un muro fatto di carta.

«A proposito di feste, tra una settimana esatta è il tuo compleanno.»

Federico era il tipo irritante di persona che si ricorda la data del tuo compleanno, e intanto pensa bene di ~~schiacciarsi~~ sedersi accanto a te su un quadrato di cemento.

«Sì.»

«Già pensato a cosa farai?»

«Non farò nulla.»

«Come, non farai nulla? Compi trent'anni. Dovresti volere una festa epica.»

Amelia accennò un sorriso scuotendo la testa, gli occhi stanchi ricamati di eye-liner sbiadito. «Epica?»

«Epica, senza dubbio.»

«E come sarebbe una festa epica?»

«Roba tipo fuochi d'artificio, fontane di cioccolato, dj-set fino all'alba e nani.»

Anche lui schiacciò i ricci opachi contro l'intonaco alle loro spalle.

«Nani?»

«Sì, nani.»
«Non vorrei sembrare ripetitiva, ma hai veramente detto nani?»
Federico aveva alzato il mento, e il labbro superiore, assottigliato in un sorriso avveduto, gli scopriva la gengiva. «Credo di aver studiato una sentenza, a diritto privato, il primo anno, riguardo a dei nani che in Francia venivano usati come animatori nelle discoteche.»
«Ma è terribile.»
«Loro erano consenzienti... non ricordo come sia finita la storia in tribunale, comunque se non vuoi i nani non fa niente.»
«È legale?»
«Dicevo, non fa niente. Dimentica la faccenda dei nani.»
«Non credo di riuscirci, non credo ci riuscirò mai, a dirla tutta.»
Federico sospirò, mettendosi in bocca una gomma dopo aver spento la sigaretta. «A ogni modo dovresti festeggiare e divertirti, Amelia.»
«Non penso di essere dell'umore adatto, purtroppo.»
«È successo qualcosa?»
Le si era avvicinato con il viso al sapore di Vigorsol, girandolo piano nella sua direzione.
«Mai sentito parlare di un carico di paperelle disperse nell'oceano?»
«No.»
«Degli animaletti giocattolo, effettivamente non erano solo paperelle, ma tutti ricordano quelle, se c'erano anche degli orsetti non è mai fregato un cazzo a nessuno...» Effettivamente, ora che ci pensava, il suo alito aveva sempre una piacevole nota di dolce menta. «Comunque io devo scriverci un articolo o mi licenzieranno.»
«Allora vuol dire che scriverai l'articolo.»
«Non ci riesco.»
«Ti verrà in mente qualcosa, ne sono certo.»
«Ne siete tutti così certi.»
Federico la guardò con aria interrogativa, lei continuò a parlare, ignorando quella coda d'occhio sfuggente.

«Per ora non faccio altro che scrivere e cancellare, scrivere e cancellare, e via così all'infinito da troppi giorni.»

«Sembra un buon metodo.»

«Infatti è ottimo. Se vuoi farti licenziare.»

Amelia fece volare il filtro nel secchio lì accanto.

«Che mira! L'NBA non si è ancora accorta di te?» La bocca di Federico si allargò in un sorriso.

Con le dita Amelia gli sfiorò la gamba, nella scarsa imitazione di una spinta. «Stupido.»

«Quanto sei alta?»

«Veramente?»

«Ho solo chiesto quanto sei alta, facciamo un metro e settanta?»

«Non abbastanza.»

«Ma magari faranno un'eccezione quando si accorgeranno del tuo talento.»

«E tu come farai?»

«Quando diventerai ricca e famosa? Credo che sarò felice per te, forse proverò giusto un pizzico d'invidia...»

«No. Quando Nina licenzierà entrambi per aver abbandonato il locale nel bel mezzo di due feste di laurea. Chi pulirà tutto quel vomito?»

«Come fai a dubitare delle tue doti da scrittrice? Sei così poetica...»[1]

Avanti e indietro, bancone-tavolo, tavolo-bancone, con l'aggiunta dell'opzione tavolo-tavolo, buttata qua e là.

I piedi iniziavano a scottarle nelle scarpe di tela e il viso, che aveva intravisto di sfuggita nello specchio del bagno, era solo un contorno per le profonde occhiaie.

Il locale andava bene, fortunatamente, ma questo comportava, data la sua posizione strategica accanto a una via di discoteche, l'affluenza continua di giovani famelici di alcol,

[1] Federico era anche il tipo irritante di persona che ti tiene aperta la porta.

ancora alcol e malattie veneree. Nina, la proprietaria, li chiamava "i vampiri", e con aria fintamente seria diceva spesso frasi come: «Sono già arrivati i vampiri?», «Altro sangue per i vampiri in sala», o «Speriamo che stasera i vampiri abbiano sete, queste bollette non si pagano da sole». I vampiri mandavano avanti il locale e di conseguenza il lavoro su cui Amelia faceva maggior affidamento, ma erano perlopiù rumorosi, distratti e malati di fine musica trap. A fine turno ad Amelia dolevano piedi e orecchie in egual misura. Cercava di svolgere il proprio lavoro senza sembrare sfinita e non mancava mai di sorridere all'ennesima battuta senza senso, biascicata sopra la musica, tra un cocktail versato per terra e l'altro. Quando dal pavimento dovevi asciugare solo vodka e succo di frutta ti era andata di lusso. Lei almeno aveva la decenza di vomitare solo sul pigiama, nessuno veniva sottopagato per pulire il suo schifo la mattina dopo. I quasi trent'anni le avevano almeno donato una parvenza di maturità, che le impediva di sentirsi a suo agio nel rimettere succhi gastrici conditi di Negroni abbracciata alla tavoletta del water di un locale pubblico, con l'amica strizzata in leggings di finta pelle che ti tiene la testa per la coda e ti chiede in loop «Stai meglio amo'?».

Doveva pur avere i suoi pregi invecchiare.

Le due feste di laurea non le permisero di fermarsi un attimo. Ordinazione dopo ordinazione, non faceva in tempo ad andare da Federico con il foglio della comanda che veniva subito richiamata per aggiungere altro alcol alla lista infinita. Federico faceva i cocktail, insieme a un altro paio di ragazzi. I loro gesti svelti non ammettevano errori, un bicchiere colorato dopo l'altro lasciati ad aspettare sul banco di legno che arrivasse lei con il suo vassoio di metallo.

Mentre serviva uno dei tavoli in sala, una ragazzina fin troppo eccitata le fermò con la mano il polso.

«Scusami, posso chiederti una cosa?»

«Certo, dimmi pure, devo segnare altro?»

«No, no, sono a posto. È una cosa per la mia amica che si è laureata.»

«Un altro giro per lei?»

Altre due ragazze alla sua sinistra scoppiarono a ridere e iniziarono ad attirare l'attenzione della festeggiata in un tripudio di vocine artefatte.

«Vedi, le piace uno dei barman, ma è timida, potresti chiedergli se le lascia il numero?»

La ragazza interessata si avvicinò in fretta reggendosi la corona d'alloro sui boccoli rigidi. Amelia avrebbe voluto consigliarle l'uso di una spazzola dopo essersi passata il ferro ma, elegantemente, tacque.

«Miriam, stai zitta» disse la neodisoccupata, poi guardò Amelia: «Scusa, lasciala perdere».

«E dài, ma che ti frega, almeno fatti dire il nome così lo aggiungi su Instagram.»

Miriam e la ragazza incoronata risero, ora strette in un mezzo abbraccio che faceva sembrare l'orlo dei loro vestiti ancora più corto.

«Sei una figa stasera, ti si farebbe sicuro.»

«Dici?»

«Hai preso centodieci e lode ma non sei molto sveglia eh, comunque scusa, ce lo dici il nome?» fece rivolta ad Amelia, che iniziò a raccogliere i bicchieri vuoti dal tavolo.

«Ancora non mi avete detto quale dei tre, come faccio a dirvi il nome?» Ma conosceva già la risposta. E infatti:

«Quello più figo, con il ciuffo.»

Amelia guardò Federico e i suoi mezzi ricci neri all'insù.

«Si chiama Federico.»

«Grazie, dài amo', va' al bancone e chiamalo per nome.»

Miss Incoronata increspò le labbra disegnate un po' troppo fuori dai bordi e si rivolse ad Amelia: «Ma... è fidanzato?».

Amelia odiava mentire, non ne era proprio capace, e ogni volta che era sul punto di farlo pensava inevitabilmente, appunto, al fatto che non ne era capace e che l'avrebbero sicuramente scoperta. Il processo mentale richiedeva più tempo del tempo standard in cui si elabora una semplice risposta, quindi, alla fine, si vedeva costretta a rinunciare, e puntualmente si atteneva alla realtà. «No.»

«Bene, perfetto, grazie ancora. Ah, un'altra cosa.»
«Sì?»
«Un altro Negroni sbagliato per tutte, grazie.»

Mentre cercava posto per il motorino Amelia pensava a come fosse rassicurante il fatto che anche le ~~brutte pessime~~ orribili giornate dovessero finire, a un certo punto. Poteva finalmente preoccuparsi solo di sparire sotto coperte pulite e affondare la faccia nel cuscino, fino a perdere coscienza. Avrebbe dormito nel suo letto, niente testa incastrata tra lavandino e termosifone, fino alla mattina seguente, poi si sarebbe svegliata senza controllare l'ora e avrebbe dedicato la giornata a scrivere indisturbata l'articolo per Daniel, sorseggiando una tisana ai frutti di bosco, che sicuramente doveva trovarsi, dimenticata da mesi, da qualche parte nel pensile in alto.

Le serviva una mattinata così e nessuno l'avrebbe licenziata.

Rovistò un poco per trovare le chiavi nella borsa e notò il cellulare, il cui schermo si era appena illuminato. Era Andrea, che le augurava la buonanotte. Amelia rispose ancora prima di aprire il portone, lasciandosi andare a qualche faccina (nello specifico: gattino, coniglio, cuore), poco le importava della pioggia che non aveva mai smesso di caderle sulle spalle. Andrea le aveva scritto un messaggio alle due di notte. Segno che le cose sarebbero davvero tornate in ordine, bisognava solo dormirci comodamente sopra. Sentiva una nuova speranza pulsarle nelle vene. Aveva solo avuto una ~~orribile pessima~~ brutta giornata, di quelle insite nella condizione umana, e aveva esagerato come era solita fare, d'altronde da sempre tutte le persone che amava le ripetevano che doveva imparare a ridimensionare la sua ansia. Ed eccola lì, a quasi trent'anni, nello strenuo sforzo di obbligare la sua fedele compagna di vita a ritirarsi in un angolino. Era forse questo il retrogusto della maturità?

Varcò il portone a testa alta.

Era stato un errore bere la notte precedente, gli effetti collaterali avevano mal indirizzato fin dal principio la sua giornata. A lei l'alcol non piaceva nemmeno. Aveva iniziato per ~~obbligo~~ gioco una sera di quindici anni prima, spinta dalle voci incalzanti di Virginia e Beatrice, le sue migliori amiche.

«Dài, puoi farcela, non sei mica una suora.»

«Ma che c'entrano ora le suore?»

«Bevi. È come un succo di frutta per adulti.»

L'avevano guardata con avidità mentre buttava giù quel nettare amarognolo, comprato al discount per finire direttamente nella tazza di Winnie the Pooh mescolato ad aranciata sgasata, e avevano sorriso dandosi il cinque.

Ad Amelia quello strano rito di passaggio all'età adulta non era piaciuto per niente, e anche adesso, con il doppio degli anni sulle spalle, lo comprendeva con poca convinzione. Al massimo si concedeva tra le due e le tre serate alcoliche all'anno. La notte precedente era stata una di queste. Una fra le più tristi, in realtà: una volta compreso che avrebbe passato in solitudine il suo unico giorno di riposo, era uscita appositamente per comprare una bottiglia di vodka con l'intenzione di scolarsela senza dover rendere conto a nessuno. L'indomani non sarebbe successo niente di simile. L'indomani le tisane ritrovate, e soprattutto il non vedere Daniel e le sue bretelle anacronistiche, avrebbero rimesso in ordine la sua vita, tasto dopo tasto, sullo schermo.

Altra chiave, altra porta, avrebbe infilato la prima nella seconda e sarebbe andato tutto a posto. Tre giri, l'ultimo lasciato a metà nell'apertura, con il braccio teso ad accompagnare il movimento. Ma ecco che la suola di una delle due Converse scivolò non appena superata la soglia, mentre lei tentava di accendere la luce. Cercò di bilanciare l'equilibrio perso con l'altro piede, aggrappandosi alle chiavi ancora nella serratura. Mollò la presa, perché la gomma delle scarpe non sembrava voler aderire al pavimento, e si ritrovò a terra.

Attraverso i jeans, le mutande che a inizio giornata aveva asciugato sul ripiano del lavello si inumidirono, e la colsero impreparata, in un brivido gelido propagato a metà schiena.

«Ma porca puttana.»
Avvertì il respiro colante di odori fermarsi nel petto e le mani richiudersi, le unghie conficcate nei palmi. Tutto quello che i suoi occhi cerchiati di blu riuscivano a vedere era acqua, putrida.

Acqua putrida sopra le sue cose.
Altra Acqua putrida tra le gambe.
Quanta Acqua putrida sputata dal water.
Ancora Acqua putrida oltre la crosta di vomito sul pigiama abbandonato.
Solo Acqua putrida come uno strato di colla sul laminato saltato.

Amelia si strinse a se stessa, le ginocchia, la pancia, le spalle, la testa, per non perdersi.
Poi deglutì.

-6

~~Nel 1992, La Ever Laurel salpò da Hong Kong per raggiungere Tacoma. Era una nave cargo. Al suo interno viaggiavano circa 28.800 animali di gomma galleggianti che, a seguito di una violenta tempesta, si dispersero nel Pacifico.~~

«Ti sei svegliata, finalmente.»

«Mamma, sono le nove di mattina, non urlare, ti prego.»

«Ma non sto urlando. Sto urlando?» Elena piegò il viso arrossato in direzione di Amelia, prima di scuoterlo leggermente, e continuare: «Comunque, se ti fossi alzata prima avremmo potuto meditare insieme».

«Medito meglio nel letto, grazie comunque del pensiero.»

Elena prese il pacco di biscotti dalla credenza, alzandosi sulle punte delle sue ballerine lilla, e lo porse ad Amelia con un'espressione tra il radioso e l'inquietante che le innalzava gli zigomi in maniera innaturale.

«Io comunque ora devo andare, ho una cliente in seduta tra un'ora, torno nel pomeriggio.»

«Non abbiamo biscotti veri?»

Elena le diede un bacio, con tanto di schiocco, sulla fronte.

«Abbiamo solo biscotti che non ti uccidono. Ci vediamo quando torno.»

«Ciao mamma.»

Amelia guardò l'agglomerato di avena-orzo-farro-senza latte-senza glutine rigirandoselo tra le dita.

Al terzo giro di chiave, una volta scesa a patti con se stessa, grazie alla luce, aveva scoperto la sua casa completamente allagata.

La lista dei fallimenti della sua esistenza aveva finito per otturare il water e rovesciarle addosso tutta la materia di cui era composta. Il laminato era saltato in più punti, le scarpe erano da buttare, la fodera del divano si era impregnata d'acqua di fogna.

Per la prima volta fu grata di dormire su un soppalco troppo vicino al soffitto.

Lo fu un po' meno di aver dovuto svegliare i genitori nel cuore della notte, fare una borsa con lo stretto necessario, e trasferirsi in via assolutamente temporanea, ci teneva a sottolinearlo, da loro. Giusto il tempo di far sparire la puzza e rimettere in sesto il pavimento.

Addentò il biscotto al sapore di sconfitta.

Per un momento aveva veramente creduto che fosse tutto frutto della sua abilità di ingigantire i problemi, che ingenua. Quella stronzata sulle giornate dure che pure loro prima o poi finiscono... Niente finisce davvero, si trasforma solo in un susseguirsi di giornate di merda in una vita di merda. Se avesse potuto mandare un messaggio alla sé di qualche ora prima il testo sarebbe stato una sequela di parole indecenti che è meglio non riportare.

Passò il boccone da una guancia all'altra.

Si era svegliata più volte durante la notte, tormentata dall'immagine di sua madre in pigiama che portava in cantina gli stracci, dallo sguardo opaco di suo padre.

Sputò quello che restava del mangime per uccellini in un tovagliolo.

Da quando aveva sei anni Amelia era sempre stata, in ordine, una bambina studiosa e responsabile, un'adolescente studiosa e responsabile, una giovane adulta studiosa e responsabile.

Aveva superato brillantemente i continui test sullo sviluppo infantile che le propinava la madre psicologa. Non aveva avuto bisogno dell'apparecchio dentale, facendo risparmiare un sacco di soldi ai genitori. Si era iscritta con gioia al liceo classico e non aveva mai mancato di passare le versioni alle sue amiche.

Il suo picco di ribellione lo aveva toccato a sedici anni,

alla festa in cui aveva iniziato a fumare e a farsi palpare le tette sotto il maglione di cachemire.

(Pochi giorni dopo aveva provato a rincarare la dose: un tatuaggio. Ma, non appena il tipo pelato aveva fatto partire l'ago e gliel'aveva poggiato sulla pelle, lei aveva detto no, grazie, pagandolo per il disturbo, ed era uscita dal negozio con un puntino nero sulla caviglia – puntino che, da quel giorno, veniva spacciato per un neo.)

Non aveva mai avvertito l'esigenza di uscire dalle righe, ma non per questo era stata una ragazzina noiosa, anzi, Amelia piaceva proprio a tutti.

Certo, i capelli da principessa Disney e le gambe lunghe l'avevano aiutata; il resto, però, ce lo aveva messo lei.

Si era impegnata a diventare la versione migliore di se stessa, tra libri, consulenze per amiche tristi, fidanzati a cui spiegare congiuntivi, concerti che la facevano sentire viva e concerti che facevano sentire vive le persone che aveva dovuto accompagnare, birre bevute appoggiata al motorino, lettere d'amore stracciate e sogni troppo grandi per essere spiegati. Le sembrava di aver fatto tutto nel modo giusto e non capiva in quale momento e perché la vita l'avesse tradita.

Nel frattempo, mentre lei ancora si arrangiava a vivere sottoterra, aveva postato una foto della sua nuova casa con giardino anche la tipa che in seconda liceo, con piglio grave, aveva chiesto alla professoressa di italiano: «E chi sarebbe 'sta Lucia Mondella? La nuova velina?».

Cazzo, doveva pur esistere una sorta di giustizia divina che regolasse le sorti del mondo, Amelia se la meritava. Non credeva di star chiedendo l'impossibile: dopo ventuno anni passati a studiare, desiderava un lavoro vero che le permettesse di vivere in una casa vera. Si era perfino fatta una bacheca Pinterest denominata «Casa Vera», patetica.

Daniel, Maria Camilla e gli altri ragazzi che gestivano la rivista online per cui scriveva erano tutti più piccoli di lei, indossavano magliette con personaggi di telefilm, facce di carlini ricamate sui calzini a metà polpaccio, e ascoltavano musica indie-pop in quel buco in centro che chiamavano «quartier generale».

Lei andava dicendo in giro che per colpa loro aveva iniziato a odiare i carlini, ma non era vero, in cuor suo lo sapeva, nessuno odia veramente i carlini.

Soprattutto Amelia, che, ricordiamolo, era sempre stata una bambina studiosa e responsabile, un'adolescente studiosa e responsabile, una giovane adulta studiosa e responsabile, e adesso una quasi trentenne delusa e responsabile.

A cosa era servita la sua diligenza se ora si ritrovava a guardare gli altri con le caviglie a mollo nelle feci di tutti gli inquilini del palazzo?

«Volete un biscotto?» Amelia si fermò a guardare i cani seduti ai suoi piedi e il filo di bava che rigava i loro musi. «Non dicevo a voi, scusate.»

«E così sei rientrata e hai trovato la casa allagata?» Alberto non nascose la sua apprensione.

«Ebbene sì, non pensavo si potesse persino scavare una buca, una volta raggiunto il fondo, ma evidentemente mi sbagliavo.»

Viola abbandonò la testa sulla spalla di Alberto, avvicinò l'indice alla bocca e iniziò a mordicchiare un'unghia mentre chiedeva: «C'era tanta acqua?».

«Diciamo di sì, e non solo quella.»

Milvia e Lidia scoppiarono a ridere.

«A Vio', 'o voi sapé che c'era?»

«Certo» rispose Viola.

«No!» risposero in coro Alberto e Amelia.

«'A merda de tutto er vicinato Vio', forse pure 'a tua.»

«La mia?»

«Eh sì, 'n se pò mai dì, 'a tua, quella de Lidia...»

«Ma li mortacci tua.»

«Che sò sempre pure li tua, to'o ricordo.»

«Alberto, ma veramente c'erano i nostri bisogni a casa di Amelia?»

«Ma no, ma scherzano, lo sai come sono fatte.»

Alberto le passò una mano tra i capelli color cenere, scombinandoli appena.

«Comunque adesso devo rimontare il pavimento, altra perdita di tempo.»

«Fatte da 'na mano dar tu' regazzo, no?»

A Milvia sembrava ovvio ciò che Amelia sapeva essere impossibile.

«Glielo chiederò...»

«Ringrazia solo che non era vero parquet.»

La preoccupazione di Alberto pareva essere rientrata.

«Il vero parquet in quella cantina sarebbe sprecato, fosse successo su a casa probabilmente mio padre mi avrebbe uccisa.»

«Che quello c'ha pure li strumenti der mestiere ne'a borza.»

«Milvia, ti ricordo che mio padre fa il medico, non l'assassino.»

«Embè, che nun sa usà un bisturi, regazzi'?»

«Per togliere i nei, non per uccidere.»

«'N se pò mai sapé, damme 'n pan de stelle va', rennemo meno amara 'sta giornata che dopo devo annà ar centro anziani.»

Lidia alzò gli occhi al cielo. «Aridringhete.»

«Ormai quella signora è diventata la sua nemesi ufficiale.»

«È un nuovo modo pe' dì stronza, Ame'?»

«Diciamo di sì...»

«Allora sì, regazzi', è la nemesi, 'na grande nemesi.»

«Voi due siete in coppia?»

Milvia e Lidia risposero in sincrono accigliate, sputando nuvole di fumo: «No».

«Lidia va a ballà.»

«Sì, giocà a carte 'o lascio ai vecchi.»

«Pe' rimorchià come te, regazzi'.»

«Mi lusinga che voi pensiate che io abbia dei pretendenti, ma probabilmente ne ha più Lidia che va a ballare al centro anziani.»

«Sei così bella, Amelia, sembri una bambolina.»

«Grazie, Viola, me lo dici più te che il mio ragazzo.»
«È timido.»
«'O devo dì io, Ame'?»
«Come se potessi impedirtelo, Mi'.»
«Nun è timido, Vio', è 'n po' stronzo.»
«Adesso è meglio che vada, visto che dopo pranzo io e un po' stronzo dobbiamo andare a una festa per scoprire il sesso di un bambino.»
«Eh?»
«La mia amica incinta, che evidentemente ha visto un po' troppi film americani, darà una festa in cui scopriremo tutti insieme se aspetta un maschio o una femmina. Il ginecologo ha scritto il risultato in una busta che è stata portata direttamente in pasticceria: interno torta azzurro maschio, interno torta rosa femmina.»
«Ma 'n'ecografia da attaccà sur frigo no, eh?»
«È 'na cosa moderna, Mi', ma che ne voi sapé te.»
«Per me ha ragione Milvia, bastava un messaggio su WhatsApp. Forse non sarò così moderna nemmeno io a trent'anni? Chi può dirlo...»
«Allora a noi ce lo scrivi lì?»
Si voltarono tutti verso Viola.
«Cosa?»
«Se è maschio o femmina.»
Silenzio.
«Ma che ce frega a noi!»
«Viola, ignorala. Allora lo scriverò sul gruppo.»
«Mio Dio, co' 'sto gruppo che io nun ce capisco un cazzo, c'avemo ottant'anni pe' gamba e stamo a giocà su uottsappe come i regazzini.»
«Quando capirai come uscirne, accetteremo la cosa. Ma fino a quel momento ti tocca il gruppo, cara Milvia, mi dispiace.»
Amelia finì la frase con un'alzata di spalle.
«Diciamo pure che se Viola nun mannasse fiori e gatti che ce dicono buongiorno e bonasera tutti li santi giorni forse sarebbe mejo.»

«Vorrei ripetere: ignorala, ma prima che inizi l'ennesima discussione io scappo. Vi aggiorno più tardi. Sul gruppo.»

«Ciao regazzi', divertite pure pe' noi.»

«Sicuro.»

Il tavolo era diviso a metà, come se qualcuno avesse calcolato le distanze al millimetro a partire da una torta glassata a striscioline alternate. A sinistra pendevano bandierine di cartone rosa, sotto megalettere plastificate che formavano la parola *Girl*, a destra pendevano le stesse bandierine, di colore azzurro, sotto le stesse megalettere plastificate che però qui formavano la parola *Boy*. Ovunque sostavano a mezz'aria palloncini indisturbati.

Amelia e Andrea si erano seduti sul divano, entrambi con un bastoncino di zucchero filato, che non sembravano aver intenzione di mangiare, stretto tra le mani.

Più che parlare, si limitavano ad ascoltare.

«Non posso certo dire di non essere preoccupata del fatto che questo bambino prima o poi dovrà uscire da qui. La parola giusta sarebbe piuttosto "terrorizzata", ma ormai è fatta.» Virginia rise, appoggiando le mani sulla pancia.

Era difficile sovrapporla all'immagine della bambina dalle lunghe trecce che, un giorno di prima elementare, sorseggiando succo d'arancia dalla cannuccia, aveva così sentenziato: «A te piace Matteo, a me piace Matteo, quindi siamo sorelle».

Gli amici di sempre avevano formato un semicerchio con le sedie tutt'intorno. Gabriele, il futuro padre, era in piedi accanto alla futura madre. Se con le labbra increspate rideva alle battute, con gli occhi sembrava poter controllare tutti gli invitati sparsi per la stanza.

Ad Amelia era sempre piaciuto quel suo modo attento di stare al mondo.

«Faccio affidamento sull'epidurale.»

«Io avrei paura anche di quell'ago conficcato nella schiena» disse Beatrice dal bracciolo del divano più vicino ad Andrea.

Beatrice si era unita a loro in quarto ginnasio, trascinandole per la prima volta in una di quelle discoteche pomeridiane dove le ragazzine entrano in felpa per poi iniziare a perdere i primi pezzi nel guardaroba.

«Credi che io non ne abbia? Ma il dolore sarà così forte che quello mi sembrerà una passeggiata. Vi dico solo che ultimamente il mio sogno erotico è un parto flash: starnutisco e sparo fuori il bambino.»

«Un sogno erotico avvincente» commentò qualcuno dalle retrovie.

«Meglio di qualunque altro io abbia mai fatto, te lo assicuro. Dovessi scegliere tra Jon Snow e il parto flash, parto flash tutta la vita.»

«Io sceglierei Jon Snow, credo che valga parecchi dolori.»

«Ne riparliamo quando ti troverai nella condizione concreta di dover far uscire un essere umano dalla tua vagina. Fidati, Bea, cambierai idea.»

«Per ora siamo così concentrati sui preparativi per giugno, che un figlio è l'ultimo dei nostri pensieri. Chi immaginava che organizzare un matrimonio comportasse tanti sforzi?»

«Tutti?»

Virginia guardò Amelia e lo zucchero filato che le nascondeva il viso. Chiunque stava guardando Amelia, ora.

«Questo perché tu sei quella intelligente e noi le sprovvedute, vero?»

«Dovevamo capirlo da quella volta in primo liceo, vi ricordate? Quando non avevamo calcolato che Corfù stava un'ora avanti e per andare al bar con quei tizi americani per poco non perdevamo la nave. Alla professoressa stava per venire un infarto. Non fosse stato per Amelia probabilmente staremmo ancora là.»

«Dio sì, cavolo, Bea, l'avevo rimosso. Arriva il messaggio di Amelia, iniziamo a correre come delle pazze, e quelli che ci urlano dietro le peggio cose in inglese.»

«Forse se prima aveste pagato tutto quello che vi eravate bevute non avrebbero urlato in quel modo.»

«Avremmo perso la nave, non potevamo mica aspettare che ci portassero il conto.»

«Era questione di vita o di morte.»

«E ora le questioni di vita o di morte sono totalmente cambiate, che strana la vita, eh?»

Il fidanzato di Beatrice si voltò verso di lei: «Non è nulla perdere una nave in confronto al trovare una casa decente, a un prezzo decente, a Roma» disse.

«Sì, ci propongono solo primi piani che in realtà sono a malapena rialzati, non so come riusciremo a rimanere nel nostro quartiere.»

«Ancora non avete trovato nulla?» domandò Virginia con aria comprensiva.

«No, se per la prossima primavera non è tutto a posto mi verrà un esaurimento nervoso.»

«Sto facendo gli straordinari al lavoro da più o meno un anno, solo per non finire in un rialzato.»

«Per fortuna noi abbiamo ristrutturato questa in tempo, il bambino nascerà che la cameretta sarà già finita. Per ora mancano solo i mobili. La tinta sui muri l'ha passata mio suocero due settimane fa.»

«Questa casa è carinissima, siete stati fortunati. Ame, dove vai?»

«A prendere una pizzetta.»

Amelia si avvicinò al buffet, buttò lo zucchero filato sperando che nessuno ci facesse caso, e agguantò un paio di pizzette.

La voce di una donna le trapassò le spalle.

«Tu sei un'amica di Virginia?»

Amelia accantonò con la lingua la pizzetta che stava divorando dentro una guancia – un trucchetto che aveva imparato dal suo primo criceto – e si girò verso la sconosciuta.

«Sì.»

«Vi conoscete da tanto?»

«Direi di sì, abbiamo fatto tutte le scuole insieme, siamo migliori amiche da sempre.»

«Ah, ma allora tu devi essere Amelia!»

Amelia annuì.

«Sei famosa. Virginia parla spesso di te. Io sono la zia di Gabriele. Piacere di conoscerti.»

Amelia le strinse la mano sperando di non avere le dita unte di olio o, peggio, le unghie sporche di sugo.

«Racconta sempre della sua amica giornalista che sa fare ogni cosa.»

«Allora non sono poi così sicura che le parli di me.»

«Ha detto anche questo.»

«Cosa?»

«Che sei modesta, e non accetti complimenti.»

«Virginia parla troppo.»

«Io la trovo adorabile. Sono contenta che mio nipote abbia trovato una così brava ragazza.»

«Sì.»

«E tu, Amelia? Hai un fidanzato?»

«Sì, è proprio lì, a parlare con Virginia. Incastrato da qualche aneddoto imperdibile sulla nostra adolescenza.»

La donna sorrise in un piccolo sbuffo e le toccò il gomito.

«Allora sei tu la prossima.»

Amelia si tirò su le maniche del maglione lasciando le braccia scoperte.

«Non credo.»

«Tesoro, so che la carriera è importante per voi giovani d'oggi, ma ricordatevi di non trascurare la famiglia.»

Amelia si ritirò giù le maniche in un gesto secco.

«Certo...»

«I figli sono la cosa più bella nella vita di una donna, nessun lavoro potrà mai darti tanta soddisfazione.»

«Certo...»

«Alla vostra età io ne avevo già due.»

I denti della donna erano gialli e stretti, circondati da piccole rughe disposte a raggiera.

Amelia si tirò di nuovo su le maniche del maglione indugiando e, approfittando del momento di silenzio, infilò delle patatine in un bicchiere di plastica rosa.

«Mi scusi, ora dovrei portare le patatine al mio fidanzato, non vorrei si indispettisse ad aspettare troppo.»

«Certo, tesoro, vai pure. È stato un piacere conoscerti.»

«Anche per me.»

Amelia tornò velocemente al divano, e sentendosi gli occhi inquisitori della donna ancora addosso passò il bicchiere ad Andrea.

«Tieni.»

«Grazie.»

«Le mangiamo insieme, non farti illusioni.»

Ritirandosi giù le maniche del maglione, Amelia si ritrovò i resti di pizzetta nascosti dentro la guancia e li ingoiò.

A volte non si ha un'idea precisa di quanto possano essere desolanti gli argomenti trattati da un gruppo di trentenni, finché non si è costretti a frequentare un gruppo di trentenni. Non sono nemmeno i trentenni in sé il vero problema, ma quello che comporta il vivere una vita socialmente accettata per una persona di quell'età. Lavori, scegli una casa, ti sposi, metti al mondo un figlio, compri una macchina più grande, progetti il figlio bis, le ferie ad agosto, e così fino al giorno della tua morte. Gran parte di queste cose, a trent'anni, fanno ancora parte del tuo futuro ma tu, che hai a malapena iniziato, sei eccitato all'idea della grande impresa che stai per compiere, così eccitato da decidere che non è poi tanto male straziare per un'ora quelli che sono ~~ancora~~ i tuoi amici con la minuziosa descrizione del tasso d'interesse sulla rata del mutuo che stai valutando.

È l'entusiasmo che fotte i trentenni. E i loro amici. Compresa Amelia.

«E questa, per sommi capi, è la storia di come abbiamo deciso che il fisso facesse al caso nostro. Il variabile è per i coraggiosi, noi non ce la siamo sentita.»

Un ragazzo di nome Mario, amico di Gabriele, concluse così la sua apologia sul tasso d'interesse fisso mentre Amelia si guardava una scarpa.

«Non è l'ora della torta?» la madre di Virginia urlò dall'altra parte del salone, brandendo entusiasta un coltello.

I quasi genitori si alzarono e gli altri li seguirono con i loro enormi sorrisi ricolmi di stucchevole fiducia.

«Siamo pronti allora?»

Virginia guardò Amelia, e Amelia sfoderò il suo sguardo "ce la puoi fare".

Si capivano così quelle due.

«Bene» disse con voce acuta Virginia. «Ci siamo. Gabri, vieni qui per favore».

«Sì, tagliatela insieme» propose qualcuno.

Tutti avevano tirato fuori i cellulari e cominciato a riprendere. Lo fece anche Amelia.

Le persone iniziarono a contare.

«1...»

Ce la puoi fare.

«2...»

Ce la puoi fare.

«3...»

Ce la puoi fare.

«Femmina!»

Ce l'hai fatta, bambina con le lunghe trecce che sorseggia succo d'arancia!

Almeno tu ce l'hai fatta.

«Adesso mi devi spiegare perché hai il muso.»

«Non ho il muso.»

«Sì che hai il muso.»

«Lascia perdere, ok?»

«No, perché se uno ti dice la verità e tu fai quella faccia lì, mica è tanto normale.»

«Lascia perdere.»

«Lascio perdere, certo. Solo perché mi sembra assurdo stare qui a parlare di futuro quando né io né te possiamo permettercelo.»

«Ma tu credi che lo vorrai mai un figlio?»

«Sì, forse. Probabilmente, ma non ora. Trovo che sia inutile parlarne adesso, solo perché siamo andati a una festa.»

«Lo sai che dopo i trentadue anni per noi donne la possibilità di avere un figlio cala drasticamente del quaranta per cento? E che la probabilità di concepire un figlio con la sindrome di Down diventa una su seicento? E che...»

«Cazzo, Amelia, sei andata di nuovo su internet!»

«Che poi non è nemmeno tanto il figlio il problema, fosse solo quello. Sono le prospettive, il costruire. Tu non riesci a pensare a un cazzo che preveda il guardare un po' più in là. Abbiamo trent'anni, e tu, tu abiti ancora con tua madre e tuo padre, e io, io giro in un seminterrato che nemmeno è una vera casa. Scusa se ho un po' l'ansia, eh, scusa se penso che dovresti volere un lavoro vero per poter vivere insieme anche in uno squallido monolocale, anzi guarda nemmeno squallido! Io non voglio che sia squallido, sto per fare trent'anni, quindi non devo scusarmi con te se mi interrogo sul futuro.»

«E allora interrogati, che ti devo dire. Ma mi spieghi a cosa serve tutto questo interrogarsi sul nulla? Io sono solo realista. Guardo i fatti, e i fatti sono: possiamo permetterci di vivere insieme? No. Possiamo permetterci di fare un figlio? Indovina? No.»

«Ok, restiamo concreti. Vogliamo guardare i fatti? Bene, guardiamo i fatti, Andrea: forse dovresti smetterla di pensare che scrivere poesie sia un lavoro.»

«Scrivere un articolo su delle cazzo di paperelle invece lo è?»

«Per prima cosa vorrei dirti che almeno, a me, cinquanta euro per quelle maledette papere me li daranno. Secondo: non decido io cosa scrivere. Se gli hipster vogliono le papere Titanic, avranno le papere Titanic. Terzo, ma non meno importante, vaffanculo!»

«Mi stai mandando a fanculo per una festa, sei pazza.»

«Non è la festa, smettila di parlare della festa.»

«Non è la festa? Adesso, visto che le tue amiche si sposano e fanno figli, tu vuoi fare la stessa cosa perché ti senti esclusa.»

«Non ci arrivi proprio. Non è un cazzo di club.»
«Sei influenzabile. E ti dirò di più: a me questa roba mette solo tristezza.»
«Esattamente cos'è che ti mette tristezza, la vita?»
«Tutti quei discorsi... Sembrano un circolo di lobotomizzati.»
«Il fatto che loro siano noiosi ncn significa che tutti debbano essere noiosi.»
«Non dirmi che ti sei divertita a sentire le avventure di Mario e del suo mutuo.»
«Mario almeno fa qualcosa.»
«Tipo parlare troppo?»
«No. Cercare di comprare una casa per andare a vivere con la biondina e le sue unghie ricostruite.»
«E tu li invidi? È questo che vuoi? È per questo che mi stai mettendo sotto pressione?»
«Io non invidio loro. È complicato.»
«Li critichi tanto, e sei la prima che vuole una vita di routine.»
«Non voglio una vita di routine, ma una vita con te.»
«Noi stiamo insieme, ce l'hai già una vita con me.»
«Adesso scusami ma non ho tempo per dire davvero quello che penso, devo andare al lavoro, io.»
«Ti passo a prendere dopo.»
«No, tranquillo, chiederò un passaggio a qualcuno.»
«Ma io resto in zona, lo sai, esco con Stefano a bere una birra, non ha senso.»
«Tante cose non hanno senso, per quanto mi riguarda.»
«Dovresti calmarti, stai facendo una scenata per nulla.»
«Ci sentiamo, ok?»
«Ok, ci sentiamo.»
Amelia deglutì.

Nel silenzio del locale ormai vuoto, si era piegata, il pavimento freddo contro le ossa sporgenti delle ginocchia. Le ricadevano sul viso ciocche di capelli irrequiete, ritagliandole i lineamenti tesi in un moto ondulatorio, pizzicandole la punta del naso.

Qualcuno aveva rovesciato del vino rosso a terra, che si era subito intrufolato nelle fughe delle mattonelle, e solo a fine turno Amelia se ne era accorta con la coda del suo occhio allenato da anni di lavoro.

Allora si era infilata lo straccio sotto le unghie e aveva iniziato a grattare. Avanti e indietro, grattava. Ogni tanto spostava il tessuto, controllava. E la macchia era ancora lì, esattamente lì, compresa nel suo alone rosato dai contorni sciolti. Allora ricominciava a grattare, con la pelle appiattita sui polpastrelli e il calore propagato dallo sfregamento.

Poteva passare lo straccio, ma non togliere la macchia, eppure non smetteva di grattare.

Quando era poco più che una bambina, e il mondo diventava troppo grande per poterlo gestire, Amelia si chiudeva a chiave nella propria stanza e rimetteva in ordine l'armadio. I vestiti dovevano allinearsi in una scala di colore decrescente, dal più scuro al più chiaro.

A volte impiegava ore, ma non percepiva la stanchezza, aspettava il risultato, come un'epifania.

Anche adesso la stanchezza le si era posata sulle spalle incurvate, ma lei andava avanti, il corpo allungato nel fare, come un circuito rotto.

Sbirciò sotto lo straccio grigio.

«Andiamo?»

La voce di Federico la colse di sorpresa, mentre era protesa con la fronte a pochi centimetri da terra, in modo da poter cogliere anche il minimo mutamento nella sfumatura di colore.

Non alzò la testa.

«Devo togliere questa macchia.»

«Che è successo?»

«Vino rosso, proprio nella fuga.»

«Aspettami qui.»

Amelia strinse lo straccio in un pugno e con tutta la forza lo spinse sullo stucco bianco, l'acqua si fece strada tra le dita.

Federico tornò subito, inginocchiandosi a un passo da lei. Lentamente le sfilò lo straccio dalla mano, e lo posò a terra. Senza parlare tirò fuori uno spazzolino e lo cosparse di bicarbonato.

«Senti, ti dispiace se faccio io?» obiettò Amelia.

Allora lui, senza aggiungere altro, le passò lo spazzolino con la punta di polvere in equilibrio. Amelia iniziò a premerlo. Si inumidì appena sulla fuga bagnata. Prima avanti, poi indietro.

«Così va meglio.»

«Sì, così va meglio» fece eco lui, mentre il rosa impallidiva sotto i gesti sicuri di Amelia.

«Allora adesso andiamo?»

Amelia alzò lo sguardo in un movimento lento, gli occhi velati.

«Ok, andiamo.»

Federico si rialzò e le porse la mano, lei l'afferrò con la sua. Non pensò al fatto che potesse essere umida, ma notò come sembrasse piccola al confronto.

«Sei sicuro che sei di strada?»

«Sì.»

«Non vorrei che allungassi per colpa mia.»

«Non allungherò.»

Camminarono l'uno di fianco all'altra fino alla macchina, parcheggiata sul Lungotevere, Amelia guardava l'asfalto nel vuoto dei suoi labili pensieri. Avevano freddo e si avvertiva nel loro respiro tirato che riempiva il silenzio.

Una volta seduta, Amelia posò gli occhi esausti fuori dal finestrino, e Federico si lasciò guidare dalla voce piatta del navigatore senza mai voltarsi nella sua direzione.

«Bene, siamo arrivati» disse quando il tragitto giunse al termine. «Va bene qui?»

«Perfetto, quello è il mio portone» glielo indicò, «grazie mille, e scusami ancora per il disturbo.»

«Tranquilla, nessun disturbo.»

«Grazie.»

«Puoi smettere di ringraziarmi.»

Amelia si sporse in avanti e accostò appena le labbra dischiuse alla sua guancia.

«Ci vediamo domani, buonanotte.»
«Buonanotte, Amelia.»
Quel profumo, sì, proprio dolce menta.

Prima di addormentarsi si era rivoltolata più volte tra le pieghe delle lenzuola, affondando i piedi nell'angolo più remoto sotto al piumone.

Non riusciva a trovare mezza posizione che fosse sopportabile, che le permettesse di rintanarsi lontana da sé.

Aveva ceduto un'ora più tardi, gli occhi chiusi si erano improvvisamente fatti più pesanti ed era scivolata su una catena di pensieri dagli anelli stretti tenendo la federa del cuscino nel pugno, quasi non volesse perdersi più.

Era finita in piedi, attaccata a una parete di quella che doveva essere una rappresentazione distorta del suo salone, tra il divano anni Settanta che aveva cambiato colore e un vuoto improvviso, creatosi per tutta una serie di dettagli mancati. La luce impastata le permetteva a malapena una visione superficiale delle cose, le sembrava di avere difficoltà nel direzionare le pupille pigre e le era impossibile mettere alcunché a fuoco. Un bisbiglio la raggiunse limpido mentre provava a muovere il collo. Era la voce di sua madre sopra il silenzio di suo padre, non aveva bisogno di vedere per capirlo. Tra di loro, stavano parlando di una festa, e pur senza ricordare la posizione di tutte le parole in quel flusso concitato di sensazioni Amelia non dovette fare un grande sforzo per capire che, a quella festa, Andrea le avrebbe chiesto di sposarlo. Istintivamente, sfiorandosi la pancia, pensò *Solo perché sono incinta*.

Poi, riflettendo, tradusse quel gesto e il pensiero che lo aveva accompagnato. *Sono incinta?*, si chiese.

Non aveva fatto in tempo a rendersi conto di aspettare un bambino che Elena la stava trascinando per la mano, e Amelia voleva dirle che aspettava un bambino ma lei la trascinava e non ascoltava le parole che la figlia avrebbe voluto tanto dire ma non riusciva a dire, con quella mano che tirava contro il tempo, contro le parole, *Ma mamma non mi hai detto che aspettavo un bambino e io non lo sapevo.*

Elena pensava che avrebbero fatto tardi alla festa, Amelia lo capiva ma faceva finta di non rendersi conto che quella sarebbe stata la sua festa. Non voleva rovinare la sorpresa che avevano preparato per lei.

E lì si fermarono in una specie di cerchio di volti amici, in un posto che somigliava a una trattoria. Riusciva a percepire lo strato di tovagliette di carta su ogni tavolo che la circondava. Chiuse gli occhi, le palpebre scattarono come saracinesche riducendo a un soffio anche il respiro nella gola. Gli altri si fondevano come tanti puntini, e la consapevolezza cieca che fossero lì era una rete dalle maglie larghe che superava la preoccupazione per le fini tovagliette macchiate d'olio.

Senza che dovesse badare a riaprire gli occhi, iniziò a vedere Andrea che le veniva incontro in un'immagine intermittente. Scendeva una scalinata con i suoi jeans strappati, la giacca scamosciata sempre aperta e i capelli come il lancio di un mucchio di pagliuzze dorate.

Andrea dagli occhi liquidi l'aveva raggiunta e le aveva detto solo: *Mi vuoi sposare.*

Amelia, che distingueva chiare le sue parole, non riusciva a sentire nient'altro, ovunque. *Mi vuoi sposare*, eppure niente si era mosso dentro di lei. Nemmeno un battito inceppato. Non si dice così, in piedi, senza anello, al centro di una trattoria, sotto il peso delle aspettative di tutti. Niente. Ma tutti erano lì per loro.

Sì.

Amelia si svegliò e, per la prima volta da quando aveva imparato a prendere tempo deglutendo, stringeva tra le dita un cuscino intriso di lacrime.

-5

~~*1992. La Ever Laurel salpa da Hong Kong ed è diretta a Tacoma. Una nave cargo che trasporta circa 28.800 animali di gomma galleggianti.*~~

~~*10 gennaio 1992. Una forte tempesta si abbatte sul Pacifico e sulla Ever Laurel che lo sta attraversando. 28.800 animali di gomma,*~~
~~*Paperelle –*~~
~~*punti senza linee,*~~
~~*ora sono ovunque, in mezzo all'oceano.*~~

«Aspe', ripeti 'n attimo, che numero c'avemo noi?»

«72, Li'.»

«62?»

«Sette-due t'ho detto.»

«Capirai, ce famo notte, Mi'.»

Amelia, Milvia, Lidia, Alberto, Viola, un pechinese marrone, cinque volpini e un beagle occupavano una seconda fila di sedie bianche alla posta.

«Ma 'sti vecchi vengono a fà 'a fila prima che apre? Sennò 'n se spiega tutto 'sto tempo» borbottò Lidia rigirandosi tra le dita la sigaretta che non poteva ancora accendere.

«Non credo abbiano niente di meglio da fare» sussurrò Alberto, accarezzando le orecchie del suo cane stanco.

«Un po' come noi?»

«Parla pe' te Vio', io sò piena de cosa da fà.»

Milvia scosse la testa. «Tipo?»

«Devo fà 'a spesa, devo da passà ar centro anziani pe' dà la quota del viaggio, devo...»

«Che viaggio? Partite?» indagò curiosa Viola.

«Quello de Capodanno, stavorta annamo a Perugia.»

«Che bello, perché non andiamo anche noi?»

«È 'na vita che je dico a tu' marito de iscrivese ar centro, 'n me dà mai retta, dice sempre che mo' vede.»

«Milvia! Ti prego!»

«Alberto, perché non ci iscriviamo?»

«Viola, vuoi veramente iscriverti al centro anziani?»

«Sì.»

«Va bene, allora mi informerò» si rassegnò Alberto.

«De che te devi informà? Passi con noi e famo la tessera, du' minuti. Te devi pure sbrigà se volete partì mo'.»

Milvia aprì le mani, le braccia, e tutto il corpo sembrò accompagnarla in un ampio gesto; per tutta risposta Alberto scosse la testa.

Intanto Lidia si voltò verso Amelia, alzando il sopracciglio disegnato.

«Regazzi', e te perché stai zitta zitta stamattina? T'ha magnato 'a lingua er gatto?»

«Quasi.»

«Ch'è successo?»

Amelia li guardò uno a uno e alzò un poco le spalle.

«Niente»

«'N ce sembra proprio, niente, manco 'na battuta de spirito da quando semo arivati. Nun è da te.»

Lidia le picchiettò le dita sul ginocchio.

«Ieri una persona mi ha detto che i figli sono la cosa più bella che possa accadere nella vita di una donna.»

«E te j'hai creduto?»

Le dita di Lidia si aprirono e le afferrarono il ginocchio, scuotendolo avanti e indietro.

«Diciamo di sì.»

Alberto si sporse con il busto in direzione di Amelia.

«Io non sarò una donna, e non voglio mettere bocca in queste cose, ma hai ancora tanti anni davanti, Amelia, non mi sembra un motivo per mettere il muso proprio oggi.»

«Lo sapete che dopo i trentadue anni le possibiltà di avere un figlio scendono del quaranta per cento?»

«Ecco qua, sei annata su Vichilpedia, 'n ce devi annà su quei siti, ce stanno scritte 'n sacco di stronzate, da' retta a noi che semo vecchie in fila alla posta pe' ritirà 'a pensione, 'o sapremo, no?»

Amelia parve riuscire a sorridere.

«Wikipedia.»
«Eh?»
«Si dice Wikipedia, Mi'.»
«E io ch'ho detto?»
«Vichilpedia.»
«A Vio', nun te ce mette pure te, eh. Comunque te sei 'na regazzina, ne poi fà dieci de fiji se voi, ma to'o sconsijo, un paio bastano e avanzano, fidete, che poi diventi vecchia e te vonno mette in una casa de riposo pe' fà la bella vita.»
«E comunque ce ne stanno tante de cose belle ne'a vita, mica gira tutto intorno a quello, tra quanno ho partorito e quanno sò stata a Las Vegas mejo Las Vegas. I fiji so responsabilità, sa'.»
«C'ha ragione pure Lidia, e pe' dillo io, lo sai eh...»
«È solo che ieri stare lì e vedere tutti i miei amici in procinto di cambiare la loro vita mi ha fatta sentire, come posso dire... mi ha fatta sentire immobile.»
«E tu saresti immobile? Giurerei che sei la persona meno immobile in tutto l'edificio anche senza conoscere gli altri.»
«Grazie ar cazzo, Albe', qua dentro sò tutti vecchi, cambia esempio.»
Alberto lanciò un'occhiata di rimprovero a Milvia.
«Sì, cioè, sei la persona meno immobile che io conosca. Immobile è l'aggettivo più lontano da te, da ciò che sei. Praticamente non ti fermi un attimo. Muoversi non significa mica per forza fare dei figli.»
«Non significa fare dei figli, comprare una casa, sposarsi, creare qualcosa di tuo?»
«No.»
La risposta arrivò all'unisono da tutti e quattro, tanto che gli anziani seduti nella fila davanti, con l'apparecchio acustico in bella vista, si voltarono scocciati.
«Scusate» disse velocemente Amelia, muovendo imbarazzata le mani. Poi guardò gli altri abbassando la voce. «Ok, ho capito, ho capito. Non urlate però.»
«Non puoi farti influenzare in questo modo da una frase indelicata detta dalla prima che passa durante una festa.»

«Nun potrei esse più d'accordo co' Albertino nostro, ed è 'na cosa rara, eh. Questa era 'na stronza» si accodò Milvia, mettendoci il carico.

«Le dovevi rispondere che chi si fa gli affari propri campa cent'anni.»

«Sì, o questo come dice Viola, oppure la versione che preferisco io: fatte li cazzi tui, brutta stronza!»

«Grazie, Milvia. Non mancherò, la prossima volta»

«Dovresti imparà a difendete, regazzi', che te vedono così magrolina, co' 'sta faccetta pallida, sempre a dì "scusi, scusi", e l'artri te se magnano.»

«Milvia, questo non è il Bronx, è corso Trieste.»

«'E regole so sempre le stesse pure a corso Trieste.»

«Va bene, va bene. Niente più muso. Guardate? Cancellato!»

«Brava, 'n ce devi pensà a certe cose.»

«Fidatevi, vorrei essere in grado di non pensarci, di ignorare totalmente il problema, ma non ci riesco, è più forte di me» Amelia ripiombò nella sua malinconia.

«Potresti farlo, visto che il tuo problema in realtà non è un problema.» Alberto alzò le spalle, il cane ancora con il muso appoggiato alla sua gamba.

Amelia lanciò un'occhiata a entrambi, prima di iniziare a mordicchiare la microscopica screpolatura sul labbro inferiore.

«La verità è che...» abbassò decisamente il tono della voce. «Io ho una tabella.»

«Una tabella?» chiese Alberto.

«'Na tabella?» aggiunse Lidia.

«Che cazzo è 'na tabella?» urlò Milvia.

«Di che tabella state parlando?» li guardò confusa Viola.

Amelia scivolò appena sulla sedia quando gli stessi vecchietti che si erano voltati poco prima si girarono nuovamente. Gli occhi di Milvia reagirono schiudendosi come boccioli a primavera.

«Aho scusate 'na cosa: ma voi 'n dovreste esse sordi? Li mortacci.»

Amelia chiuse gli occhi nella speranza di volatilizzarsi.

«*72? 72?*»

Una voce la riportò alla luce, come un miracolo. Forse una lite tra anziani, di prima mattina, nel bel mezzo della posta di quartiere, era una svolta estrema perfino per il suo karma.

«Alberto! 72 non era il numero vostro?»

Lidia si alzò scattante con il bigliettino in mano e raggiunse lo sportello presidiato dalla signorina con gli occhiali che chiamava il 72, seguita a ruota dagli altri.

«E 'n attimo. E che è? Annate tutti de prescia qua dentro?»

La cartella blu era pesante e poco maneggevole nei tragitti impervi in motorino. Riuscire a non finire in una specie di ciclone di fogli di carta a ogni buca o tratto sconnesso del terreno ad Amelia sembrava una sfida leggermente fuori dalla sua portata, tanto che tra uno slalom e l'altro fra le macchine arenate nel traffico ~~urlava~~ ~~pregava~~ implorava dentro al casco senza prendere aria: *Nonvolatedabravipossiamofarcelacelapossofarestatequiconmeètuttofinitoètuttofinitomancaveramentepocooknonabbandonatemiora.*

La cartella blu era altrettanto pesante e allo stesso modo poco maneggevole anche per le scale che portavano all'ufficio della dottoressa Elena Arcari, meglio nota come sua madre.

Lo studio al terzo piano affacciato su viale Bruno Buozzi era ampio e luminoso, e trasmetteva una certa idea di artefatta serenità grazie alle sue tinte bianco-blu e alle ampie vetrate tutt'intorno. La reception consisteva in una scrivania lucida, smussata agli angoli, con un impianto di diffusione in grado di emettere esclusivamente rumori bianchi. La segretaria era da sempre una minuta donna fidata, dai colori tenui: capelli cenere, occhi fieno, collana di perle, maglioncino pastello. Sembrava esser stata scelta dal catalogo *La perfetta receptionist per uno studio di psicologia di successo, oggi in saldo!*

«Ciao Roberta, posso lasciare a te questa per mia madre?»

«Ciao Amelia, in realtà la dottoressa ti sta aspettando, mi ha detto di dirti che puoi portargliela tu nella sala dei gruppi.»

«Non vorrei disturbarla e poi io dovrei andare, le potresti dire che avevo molta fretta?»

«Ha detto che tanto oggi non avevi nulla da fare.»

«Ti ha detto questo?»

Roberta annuì, distintamente, due volte, e ad Amelia si increspò la fronte, gesto inconsulto che le rammentò la grave piaga delle rughe incipienti e l'esoso prezzo del botox (lo aveva googlato).

«Vai nella sala dei gruppi, ti aspetta.»

«Ok, certo.»

Amelia riprese la cartella che aveva lasciato sul bancone, la strinse con entrambe le braccia al petto, e respirò a fondo prima di entrare nella sala dei gruppi.

«Scusate, posso?»

Dapprima si affacciò, allungando il collo nello spiraglio della porta a vetri.

«Certo tesoro, ti stavamo aspettando.»

La voce squillante di Elena parlava al plurale perché nella sala dei gruppi, come d'altronde suggeriva il nome stesso, lavoravano soltanto i gruppi, ed effettivamente un gruppo bello folto era proprio lì, gli occhi fissi su Amelia e sul suo lungo collo tirato.

«Vieni, vieni qui, posa pure i documenti sul tavolo.»

«Mamma, io dovrei andare, devo...»

«Sì, tra un attimo, siediti qui con noi.»

Amelia fece scivolare lo sguardo dai capelli indomiti sulla testa della madre alle facce inespressive delle altre persone sedute in circolo nella stanza. Avvertì una strana vibrazione sottopelle. Qualcosa di quella situazione pareva non riuscire a convincerla.

Analizzò in fretta gli indizi a sua disposizione:

tutte donne;

divise per coppie;

l'una, con estrema evidenza, più giovane dell'altra.

Adesso, non aveva bisogno di essere un genio per mettere insieme tutti gli ingredienti e indovinare il piatto che le aveva cucinato sua madre, soprattutto visti i precedenti di una vita. Era una di quelle trappole atte a rafforzare il legame madre-figlia, scavando nelle oscure tenebre dell'inconscio, attraverso una corretta e guidata comunicazione.

Ma porcatroia.

Si stava per ripetere un altro "canna-gate".

Il canna-gate, così simpaticamente ribattezzato da Virginia e Beatrice, a seguito di un dettagliato racconto che aveva tenuto occupate per ben 74 minuti le loro linee telefoniche, era stato un momento topico nella formazione esistenziale di Amelia e poteva essere sintetizzato in questo modo: le amiche sopra citate avevano pensato bene di comprare dell'erba, portarla a casa di Amelia e farci una torta. Ne avevano mangiato una fetta ciascuna, mentre Amelia ne aveva buttato la metà intanto che le altre erano distratte, dopodiché, probabilmente troppo fatte, o forse semplicemente troppo svampite, avevano lasciato la suddetta torta drogata nel forno della cucina. Il mattino seguente Elena aveva trovato la torta e, una volta valutato il misero aspetto, aveva concluso che si trattava d'un dolce senza troppi artifizi, sufficientemente insipido e salutare, e che, quindi, avrebbe potuto mangiarne addirittura due porzioni. Era riuscita ad arrivare al lavoro senza procurare incidenti ai danni di esseri animati o inanimati, ma con una dannata voglia di ridere per qualsiasi cosa, un po' come quando da giovane faceva la hippie all'università. Era entrata in studio al grido entusiasta di: «Eccoci qui», ma aveva avuto un collasso prima di pronunciare la lettera q, al cospetto del primo cliente. Ripresasi, e dopo aver scoperto l'arcano, con una scusa aveva convinto Amelia a seguirla al lavoro, e quest'ultima si era ritrovata improvvisamente, vestita di tutto punto, nel bel mezzo di un incontro per adolescenti problematici che non smettevano di guardarle le gambe, ai quali era stato somministrato per tre ore consecutive un documentario di serie C sugli effetti delle droghe. Il tutto si era concluso con un tizio che, senza mezzi termini, le aveva offerto di provare insieme della cocaina per fare finalmente il grande salto di qualità.

Ora però era troppo tardi per muovere in ritirata. Elena

continuava a fissarla, il viso leggermente inclinato, il sorriso atto a infondere fiducia – un suo marchio di fabbrica, forse una deformazione professionale.

«Ti stiamo aspettando.»

L'andamento della frase era una specie di cantilena che non lasciava margini di scelta. Amelia si avvicinò, costringendosi a trascinare il corpo oltre la porta e a prendere posto sulla sedia libera proprio accanto alla madre, che coincidenza.

«Bene. Ora che siamo tutte qui, che ne dite di iniziare con un momento di meditazione silenziosa? Stringetevi le mani. Ottimo. Ci presenteremo più tardi. Non dimenticatevi di chiudere gli occhi. Faccio partire la musica. Lasciatevi guidare.»

Una melodia esile e soporifera scivolò sul silenzio della sala, Elena prese la mano di Amelia direttamente dalla sua coscia. Tutte, intorno, chiusero gli occhi.

Porcatroia.

«Mi hai teso una trappola.»

«Shhh» Elena emise un sibilo smorzato tra i denti.

«Non puoi fare così, non puoi manipolare le persone per psicanalizzarle a tuo piacimento.»

«Tesoro, ti ricordo che dovresti stare in silenzio.»

«E io ti ricordo che non dovrei essere qui.»

Amelia parlava veloce, accavallando le parole, ma sempre con un tono impercettibile, quasi muto.

«Non dimenticatevi mai di respirare. Così, bravissime.»

«Smettila di trascinarmi con l'inganno in questi circoli di autoaiuto.»

«Non sono circoli di autoaiuto.»

«Non importa cosa siano, io ora dovrei essere a casa a cercare di non perdere il mio lavoro.»

«Inspirate, espirate, inspirate, espirate...»

«Non ho più sette anni, non puoi più fare i tuoi giochetti.»

«Stai facendo una tragedia, e questo non mi sembra il momento adatto.»

«Hai dimenticato veramente quei documenti o era tutta una scusa?»

«Concentratevi sulla respirazione. Dentro, fuori, dentro, fuori...»

«Ripeto la domanda.»

«Questa è una meditazione silenziosa, anche sussurrare è sbagliato.»

«Mentire è sbagliato.»

«Si può mentire per il bene di qualcuno che amiamo.» Elena manteneva serafica le sue posizioni, le ciglia lunghe posate sugli zigomi.

«Non credo funzioni così.»

«Hai una laurea in psicologia?»

«No.»

«Io sì, quindi adesso per favore fai silenzio e respira.»

Amelia aveva gli occhi aperti, il sedere in pizzo alla sedia e i piedi buttati sul pavimento, pronti a intercettare eventuali improbabili movimenti a tempo di musica. Osservava tutte quelle persone, le madri e le figlie, composte con le loro mani giunte, che avevano scelto di essere lì, che erano in grado di credere che respirando abbastanza bene le cose sarebbero finalmente andate nel verso giusto.

Forse però non era stata proprio l'unica a esser stata trascinata.

Una ragazzina, che avrà avuto la metà dei suoi anni, la stava guardando dall'altra parte del cerchio. Aveva sporgenti occhi azzurri, segnati da un pesante trucco colato di nero e un naso a patata che la faceva somigliare vagamente a un maialino simpatico. Amelia alzò le spalle e le sopracciglia nella sua direzione. La ragazzina rispose con un gesto esplicativo, che più o meno stava a significare *che palle 'sta roba*. Amelia annuì enfatizzando il movimento, *non potresti avere più ragione ragazzina dalla frangia troppo corta per quella fronte troppo alta*. La ragazzina indicò quella che doveva essere sua madre e subito dopo, con lo stesso dito, si picchiettò la tempia, tradotto: questa è matta. Amelia annuì di nuovo, con un cenno della testa indicò Elena e le copiò il gesto, con ancora più veemenza, tradotto: lei è la capa delle pazze.

La ragazzina allora si batté le dita sul polso, come per dire *ma quando finisce questa musica?*

Amelia allora rialzò le spalle mostrando grande empatia per quella nuova compagna di vita che come lei malediceva il giorno in cui era nata e usando il labiale disse *speriamo presto.*

L'altra la imitò chiedendole quale fosse il suo nome.

Amelia disse *Amelia* e aggiunse *il tuo?*

Luce. La ragazzina che ora aveva un nome e si chiamava Luce puntò nuovamente le unghie mangiucchiate di nero verso la madre, poi verso la propria fronte, e replicò il gesto che significava, in qualsiasi lingua del mondo, *te l'ho detto, no?, è completamente pazza.*

Amelia sorrise.

VIRGI

Ame?
Ame ci sei?
Aperitivo solito posto con Bea?
?

Virgi scusa, ho letto ora!
Stavo con Elena la pazza
Sai che quando le prende
il momento non ho scampo

Ma per l'aperitivo ci sei?

No, scusami tanto
Non ce la faccio!

:-(:-(:-(

FEDERICO LAVORO

Come stai?
Troppo impegnata a organizzare
la festa del secolo?

Tutto bene
Sto scegliendo la colla adatta
per sistemare il pavimento
Non ho tempo nemmeno
per organizzare un aperitivo
con le mie amiche
È da questa mattina
che mi scrivono per vederci

M'ero dimenticato
del pavimento
Mi dispiace tanto

Lo dici a me?

Hai ragione
Posso fare qualcosa
per aiutarti?

Non credo
A me 'ste colle sembrano
tutte uguali
Adesso ne prendo
una a caso

Aspetta...

Ti sto aspettando

No, niente
Saranno tutte uguali
Prendine una a caso

DANI-NAZI

Ehi Amelie
Come procede la questione
Friendly Floatees?
Al quartier generale
si sente la tua mancanza

~~*Ciao coglione, Amelie tua sorella*~~
Ciao Daniel, sto finendo
di scrivere l'articolo

Tranquillo, appena ho fatto
ti invio tutto il materiale via mail

Sei a buon punto?
Ti stai lasciando andare?
Ricordati quello che ti ho detto

Buonissimo
~~*AHAHAHAHAHAHAH*~~
Ricordo ogni cosa,
ho un'ottima memoria

Perfetto, sapevamo di
poter contare su di te!
See you soon!

~~Spero di non dover~~
~~vedere la tua stupida~~
~~faccia mai più~~
Tranquillo! ;-)
A presto

ANDREAMORINO

Ti sento distante,
oltre l'aria che fingi di respirare,
nelle pause che ti sei persa,
nell'attesa di una rinuncia,
oltre l'aria che fingo di volere.

Ma fai sul serio?

Sei ancora arrabbiata?

Tu no?

No.

Dovresti, visto che pensi
che sono una pazza che vuole
costringerti a vivere
una vita sotto pressione

Non ho detto questo

Sì, l'hai detto

Possiamo passare oltre?

Vaffanculo.
Vaf-fanculo,
Vaffan-culo,
Va-a-ffanculo.

Per ventidue minuti e quaranta secondi Amelia era rimasta china sul pavimento sfigurato intenta a fissare le istruzioni per l'uso di un grosso barattolo di colla che, a forza di essere osservate, avevano via via perso qualunque significato. Una t-shirt consunta addosso, le mani bloccate sulle tempie. Poi il citofono si era messo a suonare. Tre volte, con un tocco leggero e ravvicinato, come fosse un codice segreto.

Se in un primo momento, essendo così assente anche a se stessa, il trillo improvviso l'aveva spaventata, in un secondo l'aveva così incuriosita da farla saltare come una molla.

«Chi è?»

«Sono io, Federico. Ho portato la pizza.»

«Federico? Co... cosa ci fai qui?»

«Te l'ho detto, ti ho portato la pizza. Me lo dicevi ieri al lavoro, no? Che dovevi attaccare quel pavimento finto merdoso e saresti probabilmente arrivata tardi al lavoro perché non sai attaccarti nemmeno le ciglia finte, ricordi?»

«Ho detto proprio così?»

«Sì, hai detto proprio così.»

«Certo che a volte sono proprio una lagna.»

«No, dài, non così tanto... Comunque, potremmo continuare il discorso dentro che sta iniziando a piovere e ho dimenticato l'ombrello?»

Avevano sorriso entrambi, poi lei aveva aggiunto in fretta: «Certo, scusami, sono solo un po' sulle nuvole, ti apro subito, primo piano sottoterra, non ti puoi sbagliare».

A quel punto, mentre rimetteva a posto il citofono ingiallito e apriva la porta, lo sguardo le era caduto sulla maglietta dei Backstreet Boys che aveva indosso e si era resa conto di essere senza reggiseno.

Cazzo.

In fretta cercò di fare mente locale, ma la verità era che lo aveva lasciato tre piani più in alto, a casa dei suoi genitori. Corse verso una sedia su cui aveva impilato dei vestiti a caso e tirò via un largo maglione nero. Se lo infilò, al contrario.

«Posso?»

La voce di Federico ora era vicina: riuscì a sentirla prima di vederlo, in piedi, con i ricci umidi del ciuffo che gli nascondeva parte della fronte e due cartoni in mano, sulla soglia della porta.

«Entra!»

Lui le rispose con un gran sorriso, con quell'onda solita che scopriva il rosa appena sopra ai denti, poi si guardò intorno incuriosito.

Lei pensò in rapida successione: alle montagne di vestiti lasciati ovunque in giro nel suo tugurio, al pacco aperto di biscotti sul ripiano della cucina, all'idiozia di non aver ancora fatto a pezzi quella maglietta dei Backstreet Boys. Poi ricambiò il sorriso non del tutto a proprio agio, affrettandosi ad aggiungere:

«È un po' piccolo qui, è una casa provvisoria, appena avrò la possibilità mi prenderò una casa vera, magari in un quartiere meno proibitivo.»

«C'è un soppalco, è carino.»

«Lo ha costruito mio papà per separare la zona giorno dalla zona notte.» Quando era sfacciatamente ironica le guance s'incavavano in due lievi fossette. «In pratica lì sopra c'è solo il mio letto e un soffitto troppo basso, perfetto per le testate mattutine.»

«È una figata.» Federico sembrava veramente colpito, si avvicinò alla scala e appoggiò una mano. «Ho sempre sognato una cosa così.»

Non fingeva. Forse il difetto che Amelia aveva tanto pregato di trovare e che lui custodiva con estrema abilità era la pazzia.

«Se vuoi te l'affitto, c'è solo questo piccolo problema momentaneo con il pavimento...»

Federico si voltò per guardarla: doveva apparirgli come un completo disastro, ma di certo non lo dava a vedere.

Lei, imbarazzata, cercò di nascondersi distogliendo gli occhi. «Cerchiamo su Google come riparare questo merdoso pavimento finto e mangiamoci la pizza, inizio ad avere una discreta fame.»

E così fecero. Entrarono nel magico mondo dei laminati svedesi e seguirono pedissequamente le istruzioni dettate dai propri cellulari. Non si rivelò poi così male, star lì a montare un finto parquet mentre erano concentrati su altro.

Lui riempiva lo spazio con movimenti sicuri, lei si spostava un po' a caso cercando di seguirlo, tentando di limitare la propria impacciatezza. Ogni tanto doveva fermarsi per togliersi le pellicine di colla dalle dita.

«Questa cosa alle elementari mi divertiva un sacco.»

«Montare pavimenti?»

Amelia portò gli occhi al soffitto, lui rise.

«Mi spalmavo i palmi di Vinavil per poi togliermela piano piano, come fosse la muta di un serpente. Tu non lo facevi?»

«Certo, anche montare pavimenti non era poi così male, giusto un gradino sotto.»

Amelia scosse la testa con un'aria che sapeva di complicità, senza ricordare come fossero arrivati a quel punto. Forse, si stava divertendo.

Federico si schiarì la voce, disse: «Senti...».

Amelia alzò gli occhi, inchiodandolo: «Sì?».

Federico impiegò sicuramente più di tre secondi per rispondere: «Funghi o margherita?».

«Margherita» mugugnò lei un po' perplessa.

«Non ho brillato granché in originalità, lo riconosco...»

«Tranquillo, non ti giudico. Ogni volta pure io sto lì a fissare il menu per dieci minuti e poi finisco sempre sulla margherita.»

«Perfetto.»

Rimasero seduti a terra, schiena contro il muro, accanto al barattolo di colla, a mangiare pizza direttamente dal cartone. A volte, lui la osservava e lei faceva finta di non notarlo. E parlava per dissimulare quell'inganno.

«È venuto bene.»

«È venuto decisamente bene, oltre le mie più rosee aspettative. Grazie.»

«Figurati, mi sono divertito... Alla fine se nella vita ci dovesse proprio andare male molliamo tutto e apriamo una ditta per salvare i pavimenti dalle ragazze distratte che allagano cantine»

«Ci sto, affare fatto.»

Federico alzò divertito una fetta di pizza verso Amelia, lei ricambiò. Brindarono con una margherita e una funghi e lei aggiunse piano:

«Solo per essere chiari, te lo dico: non sono così lontana dall'arrivare a quel punto.»

«Nessuno è poi così lontano. Mi dài una fetta della tua e io te ne lascio una della mia, ok?»

«Ok, però aspetta, vado a vedere se in frigo si è salvata una Coca.»

«Fantastico. Se per caso non avessi i bicchieri e ci toccasse berla direttamente dalla bottiglia questa potrebbe decisamente diventare la serata perfetta.»

«Mi spiace deluderti, ma i bicchieri ce li ho. E sono persino di vetro.»

«Ma allora potevi dirmelo, invece di star qui seduti per terra ci mettevamo a tavola, apparecchiavamo, facevamo i signori...»

«È stato meglio così, non avrei saputo dove mettere tutti quei vestiti.»

«Ok, te lo concedo.»

«Accontentiamoci di una serata quasi perfetta.»

«Sì, andrà meglio la prossima volta.»

La prossima volta.

Erano arrivati al locale insieme: lei, sulla scia della macchina di lui, in motorino.

Nel corso della serata non ci fu un solo momento, tra le frenetiche ordinazioni ai tavoli e le sigarette spente sul cemento grezzo nelle pause, in cui smise di pensare a Federico.

Alle sue mani ferme sul laminato, alle ciglia che si distendevano velandogli gli occhi a ogni sorriso, al modo in cui pronunciava le s, appoggiando appena la lingua sui denti.

Potevano trovarsi a un metro l'una dall'altro, potevano orbitare in stanze diverse, non riusciva a non sentirsi sopraffatta dal piacevole peso di quei dettagli.

Amelia e, per estensione, la sua fisicità, nello spazio tra i tavoli, nella distanza tra un vampiro e l'altro, si muovevano scisse, con un vassoio tra le dita, al di sopra di una partitura che conoscevano bene, facendo affidamento sull'istintiva memoria dello spazio circostante.

Su quella, e su una buona dose di culo.

Non era colpa sua se Federico aveva ~~le spalle larghe~~ un bel modo di stare ~~accanto a lei~~ al mondo. La confondeva, le sporcava i pensieri. Lui e quella sua arrogante sicurezza di poterle risolvere tutti i problemi comprando una pizza, portandogliela a casa, aiutandola a ricomporre i pezzi, con le mani salde sul laminato. (Le considerazioni più audaci a volte diventavano insistenti e si nascondevano tra le piccole cose.)

A volte le piaceva perdersi nel vortice di gesti, immagini, attonita di fronte al tepore che sentiva risalirle la pancia e ritirarsi in un guizzo elastico; a volte invece lo odiava. Suonavano così strani quei pensieri affannati in mezzo alle voci alterate degli sconosciuti e al rumore secco del vetro dei bicchieri contro il legno, tra gli abbracci, tra le risate, nelle parolacce, più vacue della musica indie che usciva dalle casse, più ingombranti dei pezzi trap a seguire.

Non aveva bisogno di ulteriori nodi da sciogliere, in quel momento della sua vita, ma non poteva nemmeno fingere che non esistessero, perché poi quando si voltava e lui era lì, davanti a lei, si sentiva il corpo stringere dappertutto, tirare come un conato incipiente.

«Scusa, vorremmo chiedere un altro giro.»

«Certo, ditemi pure.»

«Puoi darmene un altro.»
«Certo, arriva subito.»

«Arriva?»
«Arriva.»

Amelia finì così il turno senza neanche accorgersene. Prese le sue cose, s'infilò il cappotto, e uscì in silenzio con il casco che le sbatteva a tempo sulla coscia. Aveva salutato frettolosamente.

La luce dei lampioni riflessa sull'asfalto ancora bagnato le indicava la via, a cui non stava facendo caso. Aveva parcheggiato il motorino poco più avanti, appena svoltato l'angolo di una stradina interna. La macchina di Federico lì non ci era entrata. A volte i parcheggi di Roma, sembra impossibile dirlo, ti salvano la vita.

Superò, storcendo il naso, una fila di secchi dell'immondizia straripanti e trovò il motorino lasciato nei pressi di una siepe.

Amelia non voleva credere ai suoi occhi, che sollevò verso il cielo piatto sopra di lei.

Un'ombra, nero su nero, stava dormendo appollaiata sul suo motorino e avvoltolata in quello che aveva tutta l'aria di essere un ampio soprabito.

Dopo aver imprecato avanti e indietro sul posto per un paio di minuti buoni, lanciando occhiatacce al niente che la sovrastava, si era costretta ad avvicinarsi mantenendo una specie di distanza di sicurezza tra lei e l'ospite indesiderato. Aveva cercato di alzare la voce, che per la paura s'era strizzata e sembrava il gemito di una trombetta scarica.

«Scusi?»

Il tizio nel soprabito spalancò due occhi rigati di capillari, gonfi oltre che rossi, senza muovere la testa butterata dal manubrio. «E tu chi cazzo sei?»

«Mi scusi, non volevo svegliarla, ma io dovrei proprio andare a casa.»

«E vacce.»

«Sì, certo, vorrei, è che questo sarebbe il mio motorino.»
«Ah, davero?»
«Sì, davvero.»
«Nun è mio?» Alquanto sorpreso, si passò una mano sulla bocca, e iniziò a premersi con le dita tozze tutta la pelle intorno.
«Non è suo, no, non credo...»
«Dici che non credi o ne sei certa?»
«Più che certa.»
«Ah.» Si infilò un'unghia in verticale tra i denti e rimase immobile.
«Sì, mi dispiace, veramente, ma io dovrei tornare a casa.»
«Ma ora?»
Amelia annuì svelta.
«Ora ora?»
«Sì, proprio ora ora.»
L'uomo scosse le spalle in un movimento contratto che destabilizzò il cavalletto sul cemento, Amelia strinse la bocca in un morso.
«È stata 'na giornataccia.»
«Non me ne parli.»
«Pure 'a tua?»
Amelia fece un cenno con la testa. Lui si portò la mano dalla bocca alla gamba, strofinandosela addosso.
«Semo pieni de giornatacce.»
«Eh, sì.»
«'Sta matina 'na machina m'ha fatto cadé 'r pranzo, a sonà, a sonà, e mo' che hai sonato canta. E adesso io non c'ho 'n posto do' dormì la notte. Sò stanco sai. Nun è nemmeno così comodo 'sto coso, signori'.»
«Mi dispiace.»
Il che era vero. Era confusa, ma non lo stava dicendo tanto per dire. La sua storia non poteva competere con quella di una persona che non aveva un posto dove dormire.
«Che palle, eh?» disse lui, seminando una risata nel buio.
«Già, che palle» rispose lei con un filo di voce.
«Mo' me arzo, eh, damme 'n secondino.»

«Faccia pure con calma.» Amelia sedette sul marciapiede lì accanto e prese il pacchetto di sigarette dalla tasca interna della borsa.

«Per caso ne vuole una?»

«Sì, grazie eh.»

Amelia gliela lanciò, l'ospite non riuscì a prenderla propriamente al volo con il suo braccio lento, ma quella gli planò ugualmente sulle gambe stanche.

«Accendino?»

«Ce l'ho.» La fiamma gli illuminò il volto, finalmente dritto. «Certo che dev'esse stata proprio 'na giornata de merda pe' finì a fumà co' uno come me.»

«Eh, un po'.»

«Lasciamene 'n'artra pe' dopo.»

«Può prendere tutto il pacchetto. Ho appena deciso che magari smetto.»

«Ora?»

«Ora ora no, magari dopo questa.»

«Ecco, brava. Magari dopo 'sto pacchetto 'o faccio pure io.»

Rimasero per un po' a bruciare lì in silenzio, nascosti nel centro di Roma.

«Mo' me arzo, tranquilla eh, damme solo 'n minutino.»

«Sì, sì, non c'è problema.»

Tranquilla.

-4

~~Era il 1992 quando la nave cargo Ever Laurel salpò da Hong Kong diretta a Tacoma. Una nave cargo che trasportava circa 28.800 animali di gomma galleggianti. L'arrivo di una maledetta tempesta sul Pacifico impedì alla Ever Laurel di giungere a destinazione con i 28.800 inutili animali di gomma che tanto avrebbero finito comunque per inquinare il mondo in un modo o nell'altro.~~

Amelia e Virginia "avevano" un bar.

Lo avevano scelto il primo anno di ginnasio per comodità (abbastanza vicino, abbastanza nascosto), e quello era diventato subito il loro bar. Le aveva viste piangere quando erano state mollate da Marco, Alex, Alessio F., Alessio R., Lorenzo, Luca, Taviani della B, di nuovo Alessio R. (non era bastata la prima volta per imparare la lezione che chi è stronzo a sedici anni rimane lo stesso stronzo anche a diciassette), aveva offerto a Virginia il supporto adatto a copiare le versioni di Amelia, e ad Amelia cioccolata calda in abbondanza per non annoiarsi mentre dettava.

Quello era il posto dove avevano fumato le prime sigarette di nascosto, e festeggiato il loro primo esame all'università e tutti quelli a seguire.

Lo stesso luogo dove Virginia aveva confessato ad Amelia di essere incinta, tra le lacrime di entrambe.

In fondo a sinistra si erano sedute, le gambe incrociate e una pila di fogli davanti, per ripetere ogni materia prima della maturità.

Ora, con qualche anno in più e molti ragazzi dopo, Virginia aveva posato la borsa di pelle nera sulla sedia accanto a lei e ordinato due cioccolate calde, poi aveva guardato con aria solenne Amelia.

«Finalmente siamo riuscite a incontrarci.»

«Virgi, non fare la drammatica, ci siamo viste l'altro ieri alla festa per la bambina. Dio, che strano dire bambina e non fagiolo/piccolo alieno/coinquilino molesto.»

«Ma lì c'era un sacco di gente, lo sai che non conta.»

«Lo so.»

«Se non riesco a raccontarti le cose non può contare.»

«Hai ragione, ho capito.»

«Ti stai arrendendo presto.»

«Cosa?»

«Non dire cosa, lo sai benissimo.» Virginia le puntò contro l'indice smaltato di rosa pallido. «Non è che mi dài ragione senza controbattere solo perché sono incinta?»

«Ma cosa ti salta in testa?»

«E ti prego non nominare gli ormoni.»

«Virgi, tutto ok?»

«No. È una specie di incubo.»

«Non vorrai mica chiedermi di portarti ad abortire? Non credo...»

«Ame, stai zitta.»

«Ok.»

«È veramente troppo tardi per quello. Finirei in galera.»

«Ti verrei a trovare e ti porterei da mangiare.»

«Un panino col salame. Non sai quanto vorrei un panino col salame. Sto impazzendo.»

«Dài, manca poco, te lo porto in ospedale un panino col salame, tu pensa solo a far uscire la bambina.»

«Ti devo confessare una cosa.»

«Dio mio, cosa?»

«Ma non devi giudicarmi.»

«Quando mai l'ho fatto? Ti ho forse giudicata quando sei andata un anno intero in giro con delle scarpe da trekking senza aver mai fatto trekking?»

«Sì, eccome se lo hai fatto.»

«Ok, niente sguardo all'Amelia.»

«Promesso?»

«Promesso. Ma se si tratta di un omicidio permettimi di fare qualche considerazione in proposito.»

«Non ho ucciso nessuno.»

«Bene. Ottimo. Spara.»

«Dopo la festa è avanzata una cartata di coppa. Poi ieri mattina, non appena Gabri è uscito per andare al lavoro, me la sono spazzolata tutta. Tutta. Per non lasciare prove. Dopodiché mi sono sentita di merda e ho pianto per un'ora seduta sulla tazza del bagno. Sono una persona totalmente irresponsabile, non sono pronta per diventare madre.»

«Wow. Una cartata di coppa. Spietata.»

«Mi stai prendendo in giro?»

«Virgi, non ti sei sparata dell'eroina nel braccio, hai mangiato quattro fette di insaccato. La supererai. E anche Amelia Junior, tranquilla.»

«Non chiamerò mai mia figlia Amelia Junior.»

«Un gran peccato.»

«Comunque non è solo la coppa il problema. È che le persone mi controllano continuamente. Mi dicono quello che devo fare come fossi una bambina, mi riempiono di consigli, di racconti non richiesti. Non lo sopporto. E poi mi trattano come un essere speciale, non mi contraddicono più, mi assecondano in tutto e alla fine quando scoppio in lacrime, o gli dico di smetterla di comportarsi come perfetti idioti, danno la colpa agli ormoni. Mia madre e mia suocera sembrano la degenerazione di loro stesse.»

«Va bene, almeno io ti tratterò normalmente e non penserò alla massa di ormoni che ti gira in corpo.»

«Grazie. Usa il tuo sarcasmo quanto vuoi.»

«Ti tratterò male.»

«Sì.»

«Ti farò piangere.»

«E poi?»

«E poi non nominerò gli ormoni mentre ti dibatterai e implorerai pietà.»

«Ci sto.»

«Inizio subito. Ecco: secondo me fare una festa solo per rivelare il sesso del bambino è una cazzata.»

«Cavolo, ci vai giù pesante.»

«Qualcuno doveva dirtelo.»
«Lo apprezzo. Non mi metterò a piangere.»
«Meno male.»
«Comunque, si parla sempre di me, neanche fossi diventata il centro del mondo. Ok, porto la vita, sono radiosa, ma basta. Passiamo avanti. Tu? Come stai, che fai, come va al lavoro, come va con Andrea? Voglio sapere tutto.»
«Una cosa alla volta. Vai piano.»
«Ok, come stai?»
«Ho allagato casa.»
«Hai... ma quando?»
«Il giorno prima della festa per Amelia Junior.»
«E perché non me lo hai detto?»
«Alla festa?» Amelia si arrotolò una ciocca di capelli intorno al dito. «Perché no? Tra un mi sposo e un compriamo casa: sapete, io invece ho allagato quella specie di cantina in cui vivo e sono sprofondata nella mia stessa merda e in quella dei vicini.»
«Magari non proprio così...»
«Ma è proprio così che è andata, è la verità. Sono scivolata e ho dovuto fare una doccia prima di andare a dormire dai miei.»
«Ora è sistemata la questione?»
«Diciamo di sì. Ho asciugato tutto quella notte e ieri ho rimontato il pavimento saltato.»
«Potevi chiamarmi, ti avrei aiutato.»
«E tu saresti venuta?»
«Certo che sì.»
«Quindi eri libera ieri pomeriggio-sera.»
«Avevo il corso preparto, e dopo sono andata a comprare delle cose con Viola, sai la ragazza simpatica del corso di cui ti parlavo?»
«E avresti potuto rimandare?»
«Be', il corso preparto non si sposta e Viola per il resto della settimana era impegnata. Poi...»
«Non potevi. Quindi era inutile chiamarti, non saresti venuta.»

«Non dirlo come fosse un crimine.»

«Lo dico come fosse la verità.»

«Ho molti impegni.»

«Nessuno ti sta dicendo nulla, dico solo che è inutile dire "chiamami" quando sai anche tu che non saresti potuta venire.»

«Scusa se sono incinta, eh.»

«Ah, bene, ti giochi la carta della gravidanza. Non ci credo. Prima dici che non vuoi essere trattata in modo speciale e poi ecco qua: *scusa se sono incinta, eh.*» Amelia imitò la voce di Virginia, aggiungendo una nota di acidità in più.

«Non voglio essere trattata in modo speciale, te l'ho ripetuto fino a due secondi fa. Dico solo che se aspetti un bambino hai inevitabilmente delle cose da fare.»

«E pensi che chi non aspetta bambini miracolosi non abbia un cazzo da fare nella vita? Spoiler: gli impegni non ce li hai solo tu.»

«Non ti sopporto quando vuoi fare la maestrina. So che hai delle cose da fare, ma se non sbaglio non sei ancora incinta e quindi non puoi capire cosa significa anche solo muoversi con un peso del genere addosso.»

«Certo, io non posso capirti perché non aspetto un bambino, nessuno può capirti perché non aspetta un bambino. Ormai è sempre così con te. Parlane con Viola e il suo nuovo tiralatte che avrà comprato ieri.»

«Non capisco nemmeno perché ti stai alterando. Ok, non sarei potuta venire a darti una mano con quel cazzo di pavimento, e siamo entrambe piene di cosa da fare. Possiamo andare avanti?»

«Se lo dici in quel modo...»

«Quale modo?»

«*E siamo entrambe piene di cose da fare.*»

«Non l'ho detto con quel tono.»

«Virginia, ti conosco da quando andavi in giro sostenendo di aver sentito le campanelle delle renne di Babbo Natale. So riconoscere il tuo tono.»

«E io so riconoscere quando ti rode e fai di tutto pur di litigare.»

«Io odio litigare, lo sai benissimo.»

«Sì, certo. Tu odi gli scontri frontali, ma questo non vuol dire niente. Lo fai a modo tuo. Tua madre direbbe che sei una gran bella passivo-aggressiva.»

«Tirare fuori mia madre in questo modo è un colpo basso.»

«Dammi una sigaretta.»

«Non puoi fumare.»

«Già, se mi accendessi una sigaretta qui con questa pancia, tutti inizierebbero a guardarmi storto.»

«Sei incinta.»

«Appunto.»

«Appunto cosa?»

«Lo vedi che è inevitabilmente tutto diverso per me? Non sono io che voglio fare la speciale.»

Amelia si guardò intorno, infine abbassò lo sguardo e dopo un secondo concluse:

«Mi dispiace. Hai ragione, sono una stupida.»

«Solo un pochino.» Virginia iniziò a giocherellare con l'accendino rubato dalle mani di Amelia. «Dispiace anche a me essere sempre così impicciata.»

«E vabbè, non è colpa tua.»

«Facciamo così, un giorno di questi vengo al locale. Come ai vecchi tempi. Chiamo Bea e passiamo.»

«Sicura?»

«Sicura.»

«È pieno di adolescenti puzzosi e musica da far schifo.»

«Ma adesso sono una milf.»

«La cosa mi inquieta parecchio.»

«Sei solo invidiosa.»

«Forse un po'.»

«Qualche analcolico e passa la paura.»

«Ti metterò un ombrellino colorato, come se fossimo...»

«... a Ibiza nel 2012.»

«Finisci ancora le mie frasi, forse non tutto è perduto.»

«Ame, non sono mica rincoglionita, sai. E non ho nemmeno intenzione di diventare una madre rincoglionita.»

«Promettimelo. Prometti che non mi lascerai indietro.»

«Te lo prometto. Tu però devi promettermi lo stesso.»

«Io?»

«Certo. Che non mi abbandonerai quando diventerò mamma.»

«Come puoi pensare una cosa simile?»

«Sono io che ho paura di rimanere indietro. Voi non avrete responsabilità, e magari io vi annoierò.»

«Virgi, tu non mi annoierai mai. Nemmeno quando scodellerai il quinto marmocchio.»

«Questo è il primo e l'ultimo, sia chiaro.»

«No. Devi farne un altro quando lo farò anche io.»

«Vedremo.» Virginia sorrise. «Dipende da quanti punti mi metteranno.»

«Lo sai che con delle forbici potrebbero tagliare...»

«Lo so, ti prego non dirlo. Non ci voglio pensare.»

«Andrà tutto bene.»

«Poi la porteremo qui per i nostri caffè.»

«Sì. Amelia Junior si divertirà un sacco.»

«Non...»

«Un gran peccato.»

Virginia scosse la testa, Amelia alzò le spalle, al centro del loro posto sicuro.

«Smettila d'esse in ansia, regazzi', nessuno se pija 'n cane vecchio e rompicojoni, la gente li abbandona in autostrada quelli così, 'n si'i ruba mica.»

Amelia provò a ribattere, aprì la bocca e la richiuse subito dopo; la voce perforante, a velocità supersonica, di Lidia, dritta in un orecchio, arrivò prima:

«A Mi', ma te voi 'e rosette o 'e ciabatte?»

«Pija du' rosette.»

«Quattro rosette, Silva', fai 'r favore.»

Milvia spalancò gli occhi e mosse la testa al rallentatore, i granelli di trucco secco le appesantivano le ciglia aperte.

«A volte 'n capisco mica se è sorda o testa de cazzo.»

Amelia rise, Milvia però era alquanto seria.

Erano andati tutti al supermercato e avevano lasciato i cani fuori, appesi a quei ganci metallici di cui Amelia non si fidava abbastanza.

Non riusciva a pensare ad altro, si sentiva già tremendamente in colpa: se qualcuno avesse rapito Otto in arte Ridge, lei cosa diavolo avrebbe raccontato alla signora Masi?

Che Viola doveva assolutamente comprare il latte per fare il ciambellone con la ricetta che aveva suggerito quella tipa così simpatica e carina della televisione? Che Lidia e Milvia, in principio recalcitranti, una volta entrate al supermercato nelle loro gonne da gitane avevano riempito un intero carrello? Che Alberto si era dileguato dopo due minuti e lei non aveva fatto in tempo a ~~supplicarlo~~ chiedergli di dare un'occhiata ai cani?

No, non ci sarebbero state scuse che avrebbero retto la faccia appesa della signora Masi.

Non doveva accettare di entrare in un posto senza il cane di cui era responsabile, e basta. Immaginava il povero Otto in arte Ridge disperarsi, tirato al guinzaglio da una coppia di tipi loschi in passamontagna scadenti. Sarebbe morto d'infarto, piegato sulle sue zampette corte, oppure rotolato sotto una macchina, e nessuno avrebbe avuto il coraggio di toglierlo dalla strada.

Lei e gli altri lo avrebbero trovato, buste alla mano, sulla strada del ritorno.

«Io esco.»

«Ancora 'a storia der cane?»

«No.»

«No?»

«No.»

«Potremmo andà avanti all'infinito, sarebbe straziante pe' entrambe.»

Amelia aprì la bocca e, nuovamente – «Amelia», una voce secca alle sue spalle –, la richiuse.

Si voltò mordendosi una guancia.

«Andre.»

Poteva sentire gli occhi neri di Lidia e Milvia correre ovunque, con un moto paragonabile al brulichio di una colonia di formiche sul materassino di un campeggio scadente.

Andrea si avvicinò con tre passi svelti.

«Che fai qui?»

«La spesa?»

«Certo. Scusa. È che non mi aspettavo di trovarti qui. Non rispondi ai miei messaggi.»

«Il tuo messaggio. Sì, certo. Ne parliamo fuori?»

Amelia aveva abbassato la voce sulla seconda parte della frase.

«Va bene.» Andrea guardò oltre Amelia. «Dammi solo tre minuti, devo prendere il pane, puoi aspettare?»

«Sì, vai.»

«Perfetto.»

Andrea le diede un colpetto sul braccio e la superò. Amelia bisbigliò sentendo arrivare, una da un lato, una dall'altro, Milvia e Lidia sui loro tacchi grassi.

«Non dite nulla.»

«E chi dice niente, regazzi'.»

«Bene.»

«E così è questo, eh?»

«Ho detto niente.»

«Vabbè niente, se vedemo dopo, annamo Mi', raggiungemo Bibì e Bibò dall'artro lato, che me sa che se sò persi tra 'e farine.»

Amelia non rispose, ma guardò Andrea come se lo spazio tra loro, dai biscotti secchi al banco del pane, avesse una sua propria consistenza. Non avrebbe potuto accorciare quella distanza, nemmeno se lo avesse voluto. Sarebbe rimasta fuori dalla linea di confine a vedere la sua schiena, che aveva amato, accarezzato, sorretto, ormai lì, insieme alle altre schiene, in fila.

Fece un respiro profondo, prima di voltarsi e uscire dal supermercato, cercando la via più corta, tagliando le corsie, prima che qualsiasi sorta di consapevolezza le si incollasse addosso, impedendole così di rimanere in equilibrio, avanti e indietro, tra le sue ~~care~~ incertezze.

La prima volta che erano usciti insieme lui l'aveva portata al cinema. Amelia aveva sempre pensato che il cinema fosse il luogo meno adatto a un primo appuntamento. Dover stare in silenzio, con l'attenzione rivolta al film, senza alcun modo per conoscersi veramente, impossibilitata a capire le cose che vorresti capire la prima volta che esci con un semiestraneo. Avrebbe di gran lunga preferito un pub raccolto, dai tavoli di legno e i sottobicchieri di carta, un posto qualunque dove ordinare una birra alla spina e raccontarsi in piena tranquillità fino alla scolatura.

Ma Andrea le aveva chiesto di andare al cinema, e lei aveva accettato senza pensarci troppo.

Del resto Andrea era un ragazzo che poteva contare su due ottime referenze: setosi capelli biondi e occhi imperturbabili, dello stesso colore del mare al tramonto.

E Amelia, pur essendo una ragazza profonda, dai saldi principi morali, non aveva mai sostenuto apertamente stupidaggini quali "l'aspetto fisico non conta, l'importante è il carattere".

Quindi era lì, seduta nel buio a mangiare i suoi pop corn formato famiglia che lui le aveva gentilmente offerto, a lagnarsi internamente per l'insulsa trama del film, quando Andrea le aveva sospirato vicino all'orecchio:

«Certo che questo film fa veramente schifo.»

Aveva una bella voce, calda, che sostava sempre su una tonalità bassa.

«Ma se hai detto che volevi...»

«... Proprio vederlo, sì, ma no, ho sparato il primo film che davano in questo cinema.»

«Non potevi chiedermi di uscire e basta?»

«Sarebbe stato troppo palese.»

«Quindi non è vero che i tuoi amici ti hanno dato buca all'ultimo?»

«Avrebbero fatto bene, visto il film.»

«Shhh!»

Una ragazzina dietro di loro aveva davvero detto «shhh!», come se quel film valesse realmente uno «shhh!».

«Ti va di uscire con me?»

«Sì, certo.»

E dopo quella richiesta così semplice erano effettivamente usciti, correndo ~~inciampando~~ e ridendo attraverso il buio, senza ascoltare chi, con la cannuccia in mezzo ai denti, sputava frasi del tipo: «Certo che certa gente non sa proprio stare al mondo».

Avevano quindi bevuto tre birre, condiviso l'ultima, stretti in un angolo di un piccolo pub irlandese, lei che si sfiorava le labbra con l'indice alla fine delle frasi più lunghe, lui che non pensava alle ginocchia che entravano a malapena sotto al tavolo.

Una cameriera sorridente, dai capelli eccessivamente rossi, li aveva invitati a pagare una volta puliti e sistemati tutti i tavoli tranne il loro.

Andrea l'aveva baciata mentre tornavano alla macchina, fermandola per un braccio e attirandola a sé, lei stava parlando, un passo avanti a lui.

Negli anni non avevano mai smesso di trovare divertente il fatto che il loro primo bacio fosse stato davanti ai secchioni dell'immondizia, Andrea si vantava di avere un talento per cogliere il momento perfetto.

Amelia vide Otto in arte Ridge, la lingua di fuori ma al suo posto.

«Oh, sei ancora qui, grazie a Dio nessuno ha pensato di rapirti.»

Staccò il guinzaglio dal gancio e lo accarezzò sulla testa rotonda.

«Cinque minuti e torniamo a casa, tranquillo, abbi solo un po' di pazienza.»

Otto in arte Ridge la guardò e Amelia interpretò il movimento vacuo delle pupille scure a modo suo: *Chi tace acconsente, cani pigri inclusi.*

Amelia si appoggiò al muro, il guinzaglio morbido al polso destro. Andrea arrivò poco dopo, due piccole buste al seguito.

«Eccomi. Andiamo verso casa tua a piedi?»

«Ma la tua macchina starà qui, no?»

«Dopo torno a riprenderla, non ci vuole nulla, mi faccio una passeggiata.»
«Due passeggiate.»
«Meglio, mi tengo in allenamento.»
«Come vuoi.»
«Bene.» Andrea le sorrise appena. «A volte mi fai anche fare come voglio?»
«Simpatico.»
Avevano iniziato a camminare con Otto in arte Ridge, che li costringeva a rallentare ogni venti metri (era pur sempre un cane, amava l'odore dei ciuffi d'erba/dei pali della luce/degli angoli random di marciapiedi umidi di pipì di altri cani, non era colpa sua, era nato così).
«Senti, io tipo volevo parlarti, volevo chiarire, ma tu mi hai ignorato.»
«Non mi andava, avremmo continuato a litigare. Tu pensi delle cose, io penso altre cose, non c'è molto da dire.»
«E quindi?»
«E quindi boh.»
«Cosa dovremmo fare?»
«Non ne ho idea.»
Amelia sentì la gola stringersi, deglutì il nulla e abbassò lo sguardo, pensò a ciò che stava dicendo la sera di quattro anni prima quando Andrea l'aveva presa e baciata davanti a un secchione dell'immondizia. Stava dicendo che lei amava l'estate, amava profumare di sale quando usciva dal mare, e non aveva fatto in tempo ad aggiungere che non capiva l'urgenza di farsi la doccia in spiaggia, che il suo bacio le aveva preso le sue stesse parole.
«Non ne hai idea?»
Amelia scosse la testa.
«Possiamo accettare di essere diversi?»
Possiamo?, pensò Amelia.
«Sì.»
«A certe cose ci penseremo.»
«Io credo che dovremmo pensarci ora. Andre, mi sono stufata di rimandare.»

«Dovrei dirti che voglio un figlio domani per farti felice?»

«No, ma vorrei avere un piano concreto.»

«La vita cambia continuamente, non puoi stabilirla a priori. Non basta segnarsi le cose su un quadernino, Amelia. Quel quadernino non sistemerà la tua vita.»

«D'accordo, a me un quadernino non mi aiuterà. Ma tu, Andre, tu, cosa stai facendo?»

«Cerco di fare ciò che amo. Sai benissimo che lavorare otto ore al giorno davanti a un computer mi ucciderebbe.»

«Lo so. Ma sai che esistono delle vie di mezzo? Crescere significa anche accettare dei compromessi. Non è tutto o bianco o nero, vivere in una casa occupata o essere il dirigente di una multinazionale. La gente normale sosta nel mezzo, e ci vive bene e tranquilla.»

«Io voglio fare ciò che mi rende felice.»

«Anche io. È quello che vogliamo un po' tutti, non credi? Hai mai sentito qualcuno che desidera essere triste?»

«Non intendevo questo.»

«Sì, intendevi proprio questo. Come se noi tutti ci rassegnassimo a vivere una vita nel mezzo.»

«E non è così?»

«No. Cioè a volte. Io non sono così.»

«Ma a te piacciono quelle cose.»

«Sì, è vero, mi piacciono. Ma proprio per questo non mi sto accontentando.»

«Ti piace quello che piace a tutti in questa società, che strano.»

«E tu, invece, rifiuti tutto a prescindere perché sei più intelligente di noi, vero?»

«No. Sai benissimo che non starei con te da quattro anni se pensassi che non sei intelligente.»

«Ma tu sei comunque più intelligente.»

«Perché, tu non pensi di essere più intelligente di me?»

Amelia non rispose.

«Mi accusi di fare una cosa, quando sei la prima.»

«Non è vero.»

«Amelia io ti conosco. Tu pensi di essere più intelligente di me, più intelligente di quelli che lavorano con te, più intelligente delle tue amiche e degli amici delle tue amiche. Ed è per questo che ti rode. Perché noi, che non abbiamo fatto proprio niente per meritarcelo, viviamo più sereni di te.»

«Mi stai descrivendo come una specie di mostro.»

«Non è la descrizione di un mostro, ma di una parte di te, la parte arrabbiata perlomeno, che ora ce l'ha anche con me.»

«Sono una strega invidiosa, ok. Ma io mi sono sforzata, mi sono sforzata veramente. Ho fatto sempre tutto ciò che c'era da fare. E adesso guardami, sto per fare trent'anni e non sarei capace di trovarmi il culo con due mani.»

«Amelia, stiamo tutti così.»

«Non è vero.»

«Ognuno ha i suoi problemi, diversi dai tuoi magari, ma è la vita.»

«Tu però sei figo perché vuoi la felicità.»

«E non va bene?»

«Va bene, va bene così, la vogliamo tutti, no?»

Amelia si bloccò senza avvisare Otto in arte Ridge, che sospinto dall'inerzia scivolò con le fauci spalancate contro un cespuglio rado.

Andrea si fermò accanto ad Amelia, il viso inclinato, gli occhi curiosi.

«Adesso ci fermiamo?»

Amelia non rispose.

«Ame?»

Amelia fece un passo per andargli incontro, Andrea se ne stava immobile cercando di capire il fine di quei movimenti incerti.

Lei si alzò esile sulle punte, lui accostò il volto al suo nell'esatta composizione dei centimetri mancanti, finalmente ruppero lo spazio con un bacio ritrovato a metà strada.

E attenzione: niente secchioni dell'immondizia nei paraggi.

Quando Amelia tornò per il pranzo i genitori erano già seduti ad aspettarla, la tovaglia stesa, le posate in ordine.

«Mi lavo le mani e arrivo.»

Davanti allo specchio Amelia non poté far a meno di guardarsi e chiedersi: è così che appare una grande stronza invidiosa?

Abbassò il viso e se lo strofinò con l'acqua.

Intanto Elena aveva preso la pentola e aveva iniziato a dividere la pasta nei piatti. Ogni volta, dopo averne riempito uno, lo controllava da una precisa angolazione torcendo il collo e piegando un ginocchio, per assicurarsi che fosse perfettamente uguale agli altri. Se c'era una certezza ogni volta che si mettevano a tavola era quella: Elena che distribuiva le penne ~~integrali~~ rigate seguendo una scienza esatta.

Giulio, suo padre, aveva iniziato a mangiare in silenzio non appena Amelia era sbucata fuori dal bagno passandosi ancora le mani umide contro i jeans.

«L'asciugamano!» disse Elena scuotendo leggermente la testa.

«Ho molta fame.» Amelia, con la forchetta già a mezz'aria, ora guardava il padre. «Non mi aspettavo ci fossi anche tu.»

«Pausa pranzo e un appuntamento cancellato, non potevo perdermi le specialità di tua madre.»

«Avverto del sarcasmo.»

«No, Elena, tranquilla, siamo tutti grandi amanti della pasta di farro.»

«È integrale. Non l'ho più comprata quella di farro dopo l'ultima storia che avete piantato quella sera.»

«A volte Dio ascolta pure le nostre preghiere.»

«Se anche Dio esistesse, non ascolterebbe di certo le tue, di preghiere, avrebbe altro da fare. Io ascolto le vostre preghiere, e solo perché sono costretta.»

«Integrale mi sembra un giusto compromesso, no?»

«Amelia, non parlare con la bocca piena.»

Amelia mandò giù il boccone.

«Ok, mamma.»

Continuarono a mangiare, la luce entrava, in piccoli fasci composti, dalla portafinestra, i vetri chiusi, i termosifoni accesi, e loro tre, che se ne stavano raccolti a passarsi le cose, non facevano altro che riempire l'ambiente di parole innocue: l'inverno piovoso che li aspettava, gli incontri di lavoro con clienti esigenti, le borse fuori moda di Elena. «E quindi non ha ancora scelto un nome?»

«No, non credo.»

«Avrei un sacco di nomi da proporle.»

«Scrivile su WhatsApp. Anche se Figlio Del Sole e Alba Crescente non credo siano nelle sue corde.»

«Ah-ah. Credo proprio che l'umorismo l'abbia preso tutto da te, eh.»

«Ma che c'entro io adesso, non ho detto niente.»

«Non serve che tu dica niente, glielo hai passato.»

«Elena, in effetti tu volevi chiamarla Neve, dopo aver scartato Primula.»

«Mamma!»

«Ho dovuto scatenarle contro tua nonna per salvarti da un futuro di prese in giro.»

«Ma state zitti. È un bel nome, Neve. A me piace. E Primula te lo sei inventato adesso.»

«Consiglialo a Virginia, vediamo che risponde.»

«Magari lo faccio veramente, sai? Magari Virginia è di vedute più ampie di voi due, anzi adesso vado in cucina e le mando un vocale.»

«Sicuramente apprezzerà.»

«Non puoi capire tua nonna quando è entrata in casa sul piede di guerra.» Giulio rise. «Si è fatta una rampa di gradini di corsa urlandole che avrebbe dovuto passare sul suo cadavere prima di chiamare la sua prima nipote in quel modo, pensavo le venisse un infarto.»

«Ha aggiunto anche che aveva sorvolato sul mio periodo vegano, sulla psicologia, sul non essermi sposata in chiesa, ma se ti avessi chiamata Neve non mi avrebbe più rivolto la parola.» Elena si scostò i ricci caduti sul naso. «E ti dirò, per un momento c'ho pensato. Mi sarei risparmiata tante di quelle rotture di scatole...»

«Scusa, "il tuo *periodo* vegano"?»

«Un periodo un po' lungo, sì. Non mangio carne da quarant'anni ma per lei è sempre e solo "una fase".»

«Ecco perché sei venuta così. A volte dimentico l'educazione di nonna.»

«Vi ci sarebbe voluta a voi due una come mia madre. Avreste rimpianto perfino il farro.»

«Ma mi sarei chiamata Elena Vittoria.»

«Amelia!»

«Che c'è, siamo solo noi, non ci sente nessuno. Il tuo segreto è al sicuro qui.»

«Non accetto che qualcuno accosti quel nome fascista alla mia persona.»

«Non è un nome fascista.»

«Vittoria...» Elena aprì le braccia con fare drammatico. «Per me lo è, ok?»

«Un sacco di bambine si chiamano Vittoria, quasi nessuna si chiama Neve.»

«È perché siamo un popolo di fascisti con poca fantasia.»

«Ma...»

«Se domani non volete del tofu per cena a questo punto dovreste darmi ragione.»

«Siamo un popolo di fascisti con poca fantasia» ripeterono Giulio e Amelia all'unisono, poi il primo chiese alla seconda:

«Mi passi il prosciutto crudo?»

E anche:

«A che punto stai con quell'articolo? Lo hai consegnato?»

«Allora?»

Alberto aveva poggiato i gomiti sulle ginocchia e il cappotto gli era risalito sui polsi pallidi. La guardava con gli occhi eccessivamente aperti, e faceva quella cosa, l'impercettibile movimento con la punta del mento in avanti, che fanno le persone quando vogliono che tu gli dica qualcosa, che tu la dica subito.

«Daje 'n po', regazzi', mica c'avemo tutto il pomeriggio» intervenne Milvia rompendo il silenzio.

«In realtà sì.»
«A Vio', e daje su.»
«Sì, scusate.»
«Mi state fissando in maniera inquietante.»
«Sta' a fà 'a preziosa.»
«No, volevo solo portare il pane a spasso, cioè il cane a spasso. Il cane...» Amelia sorrise alzando le spalle. «Senza interrogatori. Non dobbiamo per forza sempre parlare.»
«E certo, quanno te fa comodo a te!» Lidia schiacciò la sigaretta con la suola dello stivale prima di aggiungere: «C'hai accannati in mezzo al supermercato e nemmeno ce voi dì 'r motivo?».
«Tecnicamente non vi ho accannati.»
«Mi', di' quarcosa.»
«C'hai accannati.»
«Albe'?»
«Mi dispiace ammetterlo, ma stranamente questa volta hanno ragione.»
«Viola?»
«Ok, basta. Ho capito.»
«E io non dico la mia?» Viola alzò la testa come un uccellino indispettito.
«Certo. Regazzi' fa' parlà Viola, forza.»
«Secondo me vi ha avvisate, quindi forse non è da considerarsi come...»
«Era mejo che nun parlavi. Comunque, Viola a parte, stiamo in democrazia e la maggioranza vince.»
Amelia si stava mordendo una guancia, ma Lidia aveva finito di parlare e ora la fissava come un vecchio gufo – se i gufi avessero sviluppato un'insana passione per il blush un filino troppo pescato.
«Non saprei cosa dirvi. Abbiamo fatto pace, almeno credo. Non lo so, sono confusa.» Il beagle di Alberto era saltato sulla panchina, proprio accanto a lei, e Amelia lo stava accarezzando sulla testa. Parlava tenendo le pupille fisse sul pelo, sentiva le parole uscire flebili mentre guardava il pelo bianco, il pelo nero, il pelo marrone, il pelo bianco (e così via).

«Andrea è Andrea. Stiamo insieme da così tanto tempo che nemmeno lo ricordo com'era non stare insieme a lui. Ma io sono cambiata e lui è cambiato. A volte è difficile trovare un punto in comune. Un giorno lo vedo e cerco di sistemare, penso "be', dài, è Andrea, lo amo, ci siamo divertiti", il giorno dopo ci rifletto bene e capisco che Andrea non sa cosa voglia dire assumersi una responsabilità. Si fa sbucciare la frutta dalla madre. E poi non mi cerca nemmeno più, si disinteressa totalmente. Oggi è stato un caso. Poi lui dice che non rispondo, che sono io, e io sto lì a cercare di non scoppiare a piangere davanti ai surgelati ma la realtà è che mi ha scritto un messaggio. Uno. Che faceva pure mezza pietà. Una volta mi trattava bene, forse una volta avevamo anche le stesse idee. O forse mi tratta bene pure adesso, e io sono solo una stronza che non ha il coraggio di ammettere che è la prima a sbagliare perché non fa altro che proiettarsi in un futuro che non esiste, dimenticandosi del presente, di quelle cazzate a cui la gente tiene tanto, la roba sentita e risentita sul "giorno per giorno". Mi correggo, una stronza che invidia la felicità altrui. Spocchiosa, una che si è sempre creduta al di sopra. E poi: io sono paranoica, ma la gente normale vuole una casa, dei figli e cento anni di mutuo, vero? È questo alla fine il loro cazzo di giorno per giorno.»

Ci fu un attimo di silenzio, che durò, per l'appunto, giusto un attimo.

«E pe' fortuna che 'n volevi dì 'n cazzo. E che è? E pija fiato, amore mio.»

«Sono confuso.»

«Anche io, scusami Amelia» fece eco Viola.

«Io me so persa 'n attimo a 'n certo punto. Ma credo d'avé afferato 'r succo der discorso.»

«Daje Li', e diccelo pure a noi.»

«Amelia 'n ce sta a capì 'n cazzo.»

«E lallero. Così semo boni tutti.»

«E famme finì, invece de stà sempre lì a parlamme sopra. Dicevo: Amelia 'n ce sta a capì 'n cazzo perché nun ama più quer regazzetto e no'o vole accettà.»

Amelia sobbalzò sulla panchina, il cane di Alberto, spaventato dal movimento improvviso, saltò giù a sua volta correndo dagli altri cani.

«No... no» disse Amelia inciampando sulle parole. «Questo non è vero. Io lo amo. È Andrea. Non potrei mai. Abbiamo fatto pace, io vi ho pisciato per fare pace con lui, no?»

«Ok regazzi', ok, sta' tranquilla, va tutto bene.» Milvia poggiò la mano smaltata sulla spalla di Amelia.

«Ma...»

Lidia cercò di dire qualcosa, ma prima che potesse farlo la sorella la zittì:

«Li', accanna.» Milvia quasi lo sussurrò, cosa che accadeva di rado in quel giardino, un "accanna" piccolo piccolo che rese più grave la questione nella coscienza di tutti i presenti.

Amelia si apprestò a fare un piccolo sorriso.

«Ho una bella notizia però.»

«E daje, e diccela, ch'aspetti?»

«Mi hanno chiamata per un colloquio di lavoro! Un lavoro vero.»

Non aveva mai visto un ufficio tanto scuro, che poi non era nemmeno solo l'ufficio ma un po' tutto il contorno, a partire dalla sala d'attesa in cui l'avevano confinata da quarantadue minuti, passando per i corridoi che intravedeva dal suo posto, per finire in bellezza sugli abiti di chi lavorava lì.

Amelia stringeva la sua cartellina tra le mani umide di tensione, e le ginocchia una contro l'altra. Avvertiva dentro di sé la sana voglia di darsela a gambe.

«Può entrare, signorina.»

Quarantatreesimo minuto, troppo tardi.

Una serie mal composta di frasi fatte come *tempo scaduto* e *me la sto facendo sotto* le attraversarono la mente poco lucida mentre seguiva la segretaria attraverso gli intestini neri di quel posto.

La donna dall'aria seria, riflesso del vestito grigio topo che indossava, aprì una porta e accennò la parodia d'un sorriso.

Amelia non riuscì a contraccambiare perché troppo intenta a cercare di togliersi l'espressione ~~stupida~~ stupita dalla faccia.

«Prego» disse la donna con voce atona.

Amelia a quel punto entrò nella stanza.

Un fascio di luce puntava una scrivania centrale, dove un uomo sulla sessantina si stava alzando in piedi per accoglierla affabilmente.

«Buongiorno.»

«Buongiorno.»

Lui le porse la mano, lei la strinse forte. (Si sa, una stretta decisa è sempre un buon inizio.)

«Fabrizio Artesano. Lei deve essere Amelia.»

La segretaria chiuse la porta con un tonfo sordo.

«Sì, sono io.»

«Bene. È puntuale.»

Quarantatré minuti. Amelia annuì.

«Forse a lei sembrerà una cosa normale, ma le assicuro che non lo è. È un primo punto a suo favore.»

Tornò a sedersi.

Aveva un viso che ricordava le palle da bowling, una forma perfettamente sferica che partiva da un paio di narici larghe e finiva in una fronte-testa dai pochi capelli.

«Grazie.»

Il collo faceva un paio di pieghe morbide sulla camicia a strozzo, come un fiocco cadeva una cravatta blu.

«Prego, si sieda pure.»

«Grazie.»

Forse avrebbe dovuto cambiare battuta.

«Bene. Ho letto il suo curriculum. Interessante, senza dubbio.»

Amelia si fermò l'attimo prima di dire grazie.

«Vedo che ha con sé una cartellina. Sono i suoi lavori?»

«Sì, le ho portato i miei articoli.»

«Ah, perfetto. È preparata» disse lui sfogliandone il contenuto.

«Sono tutti quelli che ho scritto nel corso dell'ultimo anno.»

«Mh. Vedo, vedo. Li leggerò poi con più calma. Ora se

non ti dispiace preferirei farti qualche domanda. Posso darti del tu?»

«Certo. A entrambe le cose.»

Gli strappò un breve sorriso.

«Ho visto che hai frequentato una scuola superiore di giornalismo, il biennio. E che eri una redattrice del giornalino del tuo liceo.»

«Sì. L'ho creato io. Ri-creato in realtà, se vogliamo essere precisi.»

«Raccontami come è andata.»

«Era un progetto chiuso da tre anni. Certi ragazzi avevano scritto un articolo diffamatorio verso alcune ragazze dell'istituto, così la preside lo aveva sospeso senza indugi.»

«Diffamatorio? In che senso?»

«Diceva che erano delle poco di buono e alla fine vi era una lista dettagliata dei loro fidanzatini. Una cosa abbastanza inquietante.»

«Quanto dettagliata?»

«Parecchio dettagliata.»

«Capisco.»

«Naturalmente ci fu una rivolta da parte dei genitori delle suddette ragazze, e dopo che un padre cercò di intimidire uno dei responsabili chiusero definitivamente il giornale. Io allora feci una raccolta firme per poterlo riaprire. La preside accettò, ma a una condizione: voleva leggere tutti gli articoli prima della messa in stampa.»

«Mh. E sul tuo giornale niente scandali?»

«No. E, da quello che so, la tradizione continua anche adesso.»

«Bene. Dovresti andarne fiera.»

«Grazie.»

«Vedo che tra pochi giorni sarà il suo compleanno.»

«Non me lo ricordi.»

«Suvvia, sei ancora molto giovane. Trenta, se ho fatto bene i calcoli.»

Amelia annuì.

«Allora auguri in anticipo. O forse non si fanno?»

«Non sono scaramantica, non si preoccupi.»

«Bene, un altro punto. E mi dica, lei ha una relazione stabile?»

«Sì.»

«Ah, certo, immaginavo. Una così bella ragazza.»

Amelia sorrise leggermente imbarazzata. Non capiva cosa potesse avere a che fare la sua relazione con questo colloquio. Forse si trattava di una congiura e chiunque non avrebbe fatto altro che ricordarle l'esistenza di Andrea.

«E ti vuoi sposare?»

«Forse, in futuro.»

«Desideri avere una famiglia quindi.»

«Sì. Credo. Non è quello che vogliamo tutti?»

«Oh certo, certo, non mi fraintendere. È che mi sembri la candidata perfetta per questo lavoro, in linea con ciò che stiamo cercando.»

«La ringrazio.»

«Ma capisco anche che a questa età una giovane donna come lei forse ha, come posso dire, meno interesse per la carriera che per qualcos'altro. Io ti assumerei, Amelia, ti assumerei subito, ma se poi mi fai un figlio? Io dovrei sostituirti. Fare nuovamente un colloquio come questo e così via, ricominciare da capo. Per noi sarebbe complicato.»

«Ma io... io non ho un figlio.»

«Amelia mi puoi dire, che ne so, che non hai intenzione di avere figli da qui a cinque anni?»

«No. Non lo so. Cioè, io non so cosa accadrà nella mia vita privata. Mentirei se facessi finta di saperlo.»

«Bene, sì, certo, capisco. È logico. Era solo uno scrupolo. Vorrei solo sapere quanto è importante per te la carriera.»

«Molto.»

«Ottimo. Cambiamo argomento allora.»

«Certo, mi dica pure ciò che vorrebbe sapere.»

Amelia uscì da quella stanza dieci minuti più tardi.

E ciò che provava poteva chiamarlo in un solo modo: mortificazione.

Durante quei dieci minuti finali aveva risposto alle altre

domande come un automa educato, perché tutto era improvvisamente diventato superfluo, sapendo che non avrebbe mai messo più piede in quel posto tetro che puzzava di muffa.

Non avrebbe avuto quel lavoro, che ora nemmeno era più così convinta di volere, per una colpa insita in lei sin dalla nascita, la colpa peggiore che non poteva scrollarsi di dosso: era una donna in età fertile, seppur capace, caparbia, preparata e in linea con il profilo richiesto, sarebbe pur sempre rimasta una donna in età fertile.

L'ingiustizia le scorticava il petto come un'incipiente tosse secca.

Non aveva nemmeno trovato il modo di replicare, se poi replicare fosse servito a qualcosa.

Le vennero in mente Milvia e Lidia, quello che avrebbero risposto loro a quel vecchio stronzo. Interamente stronzo. Quanto avrebbe voluto prendere in prestito il loro carattere, le sarebbero bastati tre minuti fatti bene, poi, il poverino, non l'avrebbe più chiesto a nessuna.

Imporre a qualcuno una scelta. Andrea non si sarebbe mai trovato in quella situazione. Nessuno si sarebbe mai lontanamente sognato di negargli un lavoro per una futura e ipotetica paternità. A parte che lui non lo cercava, un lavoro, ma se lo avesse cercato, se avesse mollato le sue poesie per un attimo, e fosse finito in qualsiasi buco di culo a chiedere un lavoro per cui fosse stato preparato come lo era lei, nessuno, nessuno mai si sarebbe permesso di porre certe domande.

Le aveva chiesto anche del giornalino, ma vaffanculo.

Probabilmente quei ragazzini erano figli di gente come lui.

Amelia chiuse gli occhi in ascensore.

Non avrebbe mai trovato un altro lavoro.

Aveva voglia di schiacciare la schiena contro lo specchio per poi lasciarsi cadere a terra, una specie di decompressione.

Non avrebbe mai trovato un altro lavoro.

Tre respiri profondi,

deglutisci.

Quella sera l'aria era particolarmente fredda; ferma, in una specie di condensa, arrivava a pungere le ossa. Amelia si era coperta bene prima di uscire di casa, aveva infilato una canottiera leggera sopra al reggiseno, poi una t-shirt nera con un maglioncino dello stesso colore, alla fine il cardigan di lana, prima del cappotto, ma gli strati sembravano non bastare mai, alla guida del motorino. Una volta sfilato il casco, ogni respiro si sarebbe potuto rompere con le dita, e camminando lo guardava, come una macchia che si apriva indisciplinata sulla tela nera del buio.

Al locale le solite ragazze indossavano le solite gonne corte. Forse nel loro cosmo vigeva un clima a parte che le rendeva esseri immuni alla broncopolmonite.

Amelia le guardava e sorrideva mentre srotolava la sciarpa a maglie larghe dal suo collo.

Sotto sotto, ma nemmeno così sotto, le piacevano.

Le piaceva quella felicità effervescente strillata un po' ovunque, le piacevano strette nei loro vestiti che sfidavano contemporaneamente gravità e inverni rigidi, le piacevano quando ballavano strusciandosi, quando cantavano senza prendere una nota, quando parlavano a un centimetro dall'orecchio di un ragazzo troppo sconvolto per rimanere asfissiato dai loro dodici spruzzi di profumo melenso. Le mancava quel posto, ora che stava dall'altra parte e poteva capirne la bellezza.

«Amelia, sei arrivata!»

Nina, la proprietaria, la salutò da dietro il bancone.

«Metto il grembiule e arrivo.»

«Sì, tranquilla, non c'è fretta, per ora la situazione è sotto controllo.»

Nina aveva trentanove anni, capelli che non tagliava da cinque, un'allergia alle arachidi che la stava uccidendo, e due pesci rossi in una boccia che ogni tanto si portava dietro.

(Una piccola parentesi circa l'informazione sulle arachidi: il verbo potrebbe sembrare coniugato in modo errato solo a chi non avesse mai avuto a che fare con Nina. «Ho un'allergia alle arachidi che mi stava uccidendo» è una frase cult che lei ripeteva a chiunque; impossibile quindi, in questo caso, non citare testualmente la fonte.)

Comunque, Amelia, allora, iniziò a lavorare, e iniziando a lavorare, anche se in principio distratta, tanto per cambiare, dai suoi familiarissimi mille pensieri che le ~~mangiavano~~ si accostavano al cervelletto, a un certo punto non poté fare a meno di notare una cosa che la riportò in fretta alla realtà: Federico non era al lavoro.

Quindi portava i cocktail ai tavoli pensando: perché Federico non è al lavoro? Tornava al bancone con i bicchieri vuoti chiedendosi: perché Federico non è al lavoro? Accendeva le sigarette in pausa domandandosi... avete capito, no?

E così via per tutta la serata – un po' monotematica, la ragazza.

Certo, avrebbe potuto mandarle un messaggio, ma dopo averlo pensato, con una punta d'acido proprio sopra allo stomaco, si rese conto che non c'era un solo motivo valido per cui Federico avrebbe dovuto avvisarla della propria assenza.

La verità è che la sera prima lo aveva ignorato.

Lui le aveva portato la pizza sotto la pioggia, l'aveva aiutata con quello stramaledettissimo pavimento finto i cui residui di colla ancora aleggiavano sui polpastrelli come carne morta, e lei si era comportata come una pazza durante tutto il turno di lavoro, lo aveva evitato, e non lo aveva nemmeno salutato quando era corsa via a fumare sigarette con il suo amico senzatetto.

Un'altra verità è che magari doveva smetterla di sentirsi il centro del mondo, Federico aveva i cazzi suoi come tutti quanti, non era di certo lei, o il suo saluto da principessa del niente, a orientare il comportamento di una persona.

~~Forse, no?~~

La curiosità però era diventata così eccessiva e invadente nella sua testa che verso la fine del turno, quando i vampiri erano già quasi tutti emigrati nelle discoteche, prese coraggio e si avvicinò a Nina, accucciata, intenta a mettere a posto le bottiglie rimaste.

«Serve una mano?»

«No, grazie Amelia, tu hai finito?»

«Quasi.»
«Bene. Dài, oggi è stata una notte tranquilla, magari fossero tutte così.»
«Sì, niente vomito.»
«Appunto. Se vuoi puoi andare.»
Amelia le passò una bottiglia di rum quasi vuota, Nina la guardò prima di riporla.
«Questa non vale la pena rimetterla dentro, prima di andarmene mi faccio uno shot. Ne vuoi uno anche tu?»
«No, grazie.»
«Non vuoi bere nulla?»
«Semmai ti faccio compagnia con una Coca.»
«Sei l'unica qua dentro a bere Coca.»
Amelia scrollò le spalle.
«Fai bene. Comunque ne abbiamo una bella scorta, quindi qualcuno che se la beve serve sempre.»
Nina rise alzandosi da terra, aveva le cosce grosse e ben piantate.
«Anche se tu non mi aiuti a pagare le bollette.»
«A quello ci pensano i vampiri.»
«Che Dio li benedica. Questo Natale i loro genitori assenti mi pagano una settimana alle Maldive. Ho già prenotato.»
Nina prese dal frigo una lattina. Poi versò il rum gocciolante in un bicchierino.
«Alle Maldive» disse.
«Alle Maldive» ripeté Amelia mentre in realtà avrebbe voluto dire: "Perché Federico non è al lavoro?".
«Nina, senti.»
«Dimmi.»
«Perché Federico oggi non è venuto al lavoro?»
«Non lo so, mi ha chiesto il giorno libero.»
«Capisco.»
«Non ho fatto molte domande, è uno che non chiede mai nulla.»
Amelia annuì.
«Magari ha da fare con quella ragazza bionda che l'altra sera non si scollava dal bancone.»

«Perché?»
«Perché cosa, Amelia? Devo spiegarti come nascono i bambini?»
«No, cioè, infatti, non volevo dire perché...»
«Io so soltanto che lei da sola ci ha lasciato ottanta euro, non contando le sue amiche che poverine son dovute rimanere ore ad aspettarla, quindi per me può tornare quando vuole.»
«Io non l'ho vista, non lo sapevo.»
«Eh, tu stai sempre con la testa tra le nuvole. Ieri poi nemmeno parlavi, mugugnavi.»
«Scusami.»
«Nessun problema, a me importa solo che lavori, e su quello non posso dirti niente. Comunque magari mi sbaglio, magari è impegnato o ha la febbre, chi può dirlo.»
«Sì, certo. Chi può dirlo, infatti.»
«Chiamalo, no?»
«Chiamarlo?» Amelia scosse appena il viso.
«Sì, siete amici, no?»
«Amici-amici non direi, buoni conoscenti.»
Amelia rimase in silenzio, qualcosa le si attorcigliò nella pancia. Nina riprese a parlare:
«Nel senso, andate d'accordo. Magari ti racconta di quella tizia. Se te lo racconta però poi devi dirmelo.» Nina rise in un modo che Amelia percepì stonato.
«Non credo mi racconti...»
«Sto scherzando. Quello è un ragazzo riservato, mica è uno che va in giro a sbandierare le sue conquiste. Magari è fidanzato da anni e noi non lo sapremo mai.»
Amelia annuì alzandosi di scatto.
«Grazie per questa, adesso è meglio che vada a casa.»
«Certo, ci vediamo domani.»
Prima che se ne andasse, sentì la voce di Nina gridare alle sue spalle:
«Io se fossi in te lo chiamerei, comunque. Parlare con lui sarebbe meglio che parlare con me.»

-3

~~Era sempre il 1992 quando sempre la nave cargo Ever Laurel salpò sempre da Hong Kong diretta sempre a Tacoma. Sempre la stessa nave cargo che trasportava circa 28.800 animali di gomma galleggianti, peccato fossero sempre paperelle e non sempre carlini altrimenti questo articolo sarebbe già stato scritto e pubblicato sempre sulla nostra rivista di hipster sfigati.~~

Si era svegliata prima quella mattina, in una specie di limbo tra il sonno e la veglia, per le voci acute provenienti a sprazzi dal salotto, e che ora si mescolavano confuse nella sua mente buia. Erano le clienti di sua madre in transito verso la veranda, o meglio la "stanza della meditazione di Elena". Avevano bevuto dell'orzo, ma Amelia non avrebbe saputo collocare l'azione in un tempo definito: era accaduto prima, dopo o durante la seduta? Questo non le era dato saperlo, dal letto della sua vecchia camera con le tapparelle abbassate e le foto di dieci anni prima alle pareti, non aveva solide coordinate sul tempo e, detto tra noi, non le interessava nemmeno averle, strenuamente ancorata al suo sonno spacciato. Si rigirava tra le coperte con la bocca amara e la lingua ingessata, e continuò a rigirarsi ancora parecchio prima di accettare il fatto che ormai era sveglia e non sarebbe riuscita a riacchiappare i suoi sogni per la coda. Aprì gli occhi in direzione del soffitto, distingueva a malapena le ombre di contorno. Rimase immobile, nella posizione della salma, con tanto di mani giunte sul petto calmo, mentre il suo sguardo si abituava lentamente a quella condizione di notte indotta. Tra il mettere a fuoco l'anta dell'armadio e il definire il proprio posto nel mondo, giunsero come spilli, in una zona non ben identificata prossima al cervelletto, di nuovo quelle voci fatte di vocali strizzate in una taglia in meno dei loro body fluo, chiaro omaggio ai gloriosi anni Ottanta (la maggior parte di quelle donne avrebbe voluto che i propri anni Ottanta durassero per sempre, cristallizzati nelle loro costosissime creme anti-age).

Ora capiva che si stavano salutando, saluti lunghi ma pur sempre saluti. Andatevene a casa vostra, pensò dalla sua tana. Solo quando sentì la porta richiudersi, accese la luce.

Doveva tornare a casa sua anche lei, in cantina la svegliava la sveglia, come era più che giusto che fosse. Non guardò nemmeno l'ora, e vestita del suo pigiama andò in cucina.

Fece colazione mentre Elena era sotto la doccia, rigorosamente fredda per riattivare la circolazione.

Meditava in veranda, si lavava con acqua fredda indipendentemente dalla stagione, e per il resto della giornata stava in ufficio a elargire preziosi consigli a persone più incasinate di lei.

Amelia, mentre sorseggiava latte che non era veramente latte, sentiva, oltre alla mancanza di lattosio, di non aver ereditato nemmeno in parte la forza d'animo della madre.

Ed eccola infatti sulla porta, tutta sorridente prima di uscire. La salutò euforica:

«Buongiorno!»

Amelia fece un cenno con la mano sinistra.

«Anche questa mattina per poco ti sei persa il corso.»

«Ma che peccato! Sarà per la prossima volta.»

«Sì, certo.» Elena rise. «Ci vediamo dopo, buona giornata.»

«Sì, anche a te.»

Amelia finì di bere e mangiucchiare il pacco di Pan di Stelle nascosto in fondo alla credenza. Dopodiché si alzò anche lei per fare una doccia, bollente.

A metà mattina, dopo essersi finalmente preparata e concentrata sui suoi doveri di lavoratrice, decise che quello era il momento di darsi da fare e scrivere l'articolo migliore che fosse mai stato scritto su delle stramaledette paperelle disperse nell'oceano. Era pronta.

Andò a prendere il pc dal suo Eastpack.

Aveva già: liberato il tavolo da tutte le cianfrusaglie, acceso una candela trovata su una mensola e spostata accanto al computer, riempito una bottiglietta d'acqua, silenziato il telefonino abbandonandolo lontano sul divano.

Ma quando fece per recuperare a colpo sicuro il suo zaino dalla poltrona vide soltanto un cuscino con sopra una copertina di pile. Era sicura di averlo poggiato lì il giorno prima, ma Elena doveva averlo spostato e infilato da qualche parte prima di accogliere le sue clienti in casa.

Ok, dove poteva averlo messo? Aspettò a chiamarla, fece un primo giro di perlustrazione senza aiuti. E infatti, dopo essersi guardata un po' intorno, eccolo lì, leggermente nascosto in un angolo buio, appena prima della veranda.

Afferrò lo zaino senza troppe accortezze e lo appoggiò sopra al tavolo. A quel punto, solo a quel punto, lo aprì.

«Non ci posso credere.»

Con le mani rovistava veloce, con la mente registrava un mucchio di fogli mai visti, costellati di timbri sbiaditi e sigle incomprensibili.

«Non ci posso credere.»

Muoveva a malapena le labbra in un soffio secco, sopra altri fogli ~~altri timbri di merda altre sigle di merda~~.

Giunta a un mazzo di chiavi con una scimmia peluche agganciata, lanciò tutto il contenuto a terra portandosi le mani alla testa. Quello zaino non era il suo zaino.

«Una cazzo di scimmia!» gridò al soffitto.

Qualcuno stava portando in giro il suo portatile e probabilmente non sarebbe rientrato in casa, dopotutto ben gli stava.

Chiamò la madre, e la madre non rispondeva.

Amelia malediceva quel gruppo di donne svampite che andava a meditare sulla veranda di casa sua invece di dormire come tutte le persone normali sulla faccia della Terra.

Fece ripartire la chiamata, *rispondi mamma, rispondi mamma, rispondi!*

I suoi tentativi, uno dopo l'altro, finivano per squillare a vuoto.

Amelia iniziò a camminare avanti e indietro lungo il corridoio, doveva recuperare le sue cose, ma fin quando Elena fosse stata impegnata in una delle sue sedute le sarebbe risultato un po' difficile rintracciare la scema che le aveva rovinato la mattinata di lavoro.

Le scrisse allora un messaggio, in maiuscolo, con un'eccessiva presenza di punti esclamativi.

Niente si sistemava, tutto non avrebbe fatto altro che peggiorare.

Lo zaino era solo la punta di un iceberg fatto di merda (letteralmente, secondo l'immagine che le si era formata nella sua testa, sui toni del diarrea).

Si vide senza vie d'uscita. Se non avesse avuto la cantina dei suoi genitori, pur facendo tre lavori non sarebbe stata in grado di pagarsi nemmeno un affitto. Non stava andando da nessuna parte. Non faceva altro che limitarsi a stazionare in quella specie di baratro senza appigli, ma con crepe in abbondanza, che ~~non~~ si faceva andare bene. Era vuota, senza alcuna prospettiva di un futuro, quantomeno di un futuro decente.

Si chiedeva se avrebbe potuto fare di meglio, se solo ci fosse stata una versione migliore di se stessa a vivere la sua vita. Forse non si sarebbe ritrovata ad annaspare, o a schiantarsi come una gigantesca nave contro un iceberg fatto di merda, per raggiungere una parvenza di solidità.

Aveva guardato per troppo tempo, e come da una distanza di sicurezza, una vita che non era mai stata capace di rendere sua.

Le emozioni che aveva creduto di assaporare al solo pensiero di raggiungere un traguardo prefissato, le scelte che si era imposta ancor prima che si manifestassero, tutti i passi che aveva ripercorso più volte mentre inciampava vivendo. Era rimasto tutto intatto nella sua mente, in attesa di germogliare.

Non esisteva veramente, quell'Amelia, se non in potenza.

Iniziò con un formicolio alle estremità delle mani e dei piedi, sommesso ma crescente, poi fu come se il cuore imbizzarrito iniziasse a pompare sangue verso una miriade di altri piccoli cuori sparsi nel corpo, mille cuori ovunque collegati in un battito sconnesso e assordante, che irradiato dal petto giungeva direttamente alle orecchie, che con le mani di cartapesta, istintivamente, coprì.

Amelia strizzò gli occhi, li aprì, li strizzò nuovamente, non vedeva altro che accenni di scintille su una colata di pece, senza sbocchi.

Sentiva i piccoli cuori che non poteva placare andare in fibrillazione, così come l'onda di paura oltre di lei, che la risucchiava nelle viscere del nulla.

Si lasciò cadere a terra tremante, una piega sul tappeto persiano.

Dopo aver annaspato nell'aria ora cercava, con scarse probabilità di riuscita, di ~~dominare~~ rallentare i suoi respiri a un centimetro dal pavimento.

Sto morendo, pensava.

Morirò qui, cercava ossigeno.

Morirò avvolta in un sontuoso tappeto come una stronza, boom, boom, boom (tutti quei cuori esplodevano ovunque).

Sentiva questo, e altre sgradevoli cose, la nostra fragile Amelia durante quello che aveva tutte le carte in regola per essere definito un attacco di panico. Di certo, non il primo della sua vita.

Aveva infatti sperimentato più volte quella sensazione di morte imminente: quando il primo grande ~~stronzo~~ amore l'aveva mollata tre giorni prima degli esami di maturità per un'altra con le gambe più lunghe delle sue, o quando, solo pochi anni dopo, in quella maledetta sessione invernale aveva dovuto dare tre esami da nove crediti nel giro di quarantotto ore.

Il terrore si attenuò solo nel momento in cui si arrese all'evidenza della fine al centro del bel tappeto. Nell'attesa della morte piano piano i piccoli cuori iniziarono a placarsi: dapprima non li avvertì più piegarle le ginocchia, poi fu il turno di quelli ribelli nel basso ventre, infine insieme svanirono dalle spalle, dalla schiena, dalla gola, e ultimo, ma non per importanza, la scheggia ficcata nel polpaccio.

Riusciva a percepire il circolo d'aria che le attraversava i polmoni.

Tuttavia Amelia non si alzò da terra, aveva deciso che per oggi bastava così, aveva chiuso, alle undici e tredici di mattina la giornata poteva dirsi ufficialmente conclusa.

Elena chiamò un'ora e mezza dopo.

«Amelia, che succede?»

«Niente.»

«Come niente? Mi hai fatto dodici chiamate nel giro di sette minuti.»

«Ah. Quello.»

«...»

«Qualcuno stamattina ha scambiato il suo zaino con il mio e adesso ha il mio computer. Non posso scrivere.»

«Hai trovato un documento? Qualcosa?»

«No, sennò non ti avrei fatto dodici chiamate in sette minuti.»

«Ok, com'è lo zaino?»

«Eastpack, nero.»

«Bene, faccio un giro di telefonate e ti richiamo.»

E, infatti, la richiamò poco dopo. Lo zaino se l'era preso una certa Ilaria che adesso se l'era portato dall'altra parte di Roma, a casa sua. Non doveva aver avuto bisogno delle chiavi con la scimmia e quindi non se ne era accorta nemmeno davanti al portone.

Amelia, contrariamente a ciò che aveva deciso, si mosse per andare a prendere il motorino.

Ilaria e il suo botulino fresco sulla fronte pallida le avevano chiesto scusa cinque volte, le avevano anche offerto un caffè che Amelia aveva prontamente rifiutato.

Si erano scambiate gli zaini, mentre Ilaria parlava troppo per essere una perfetta sconosciuta che ti ha sottratto il computer per sbaglio.

Fai ammenda in silenzio, sentenziò Amelia nella propria testa non smettendo comunque di sorriderle e annuire.

Finito il monologo, Amelia tornò a casa, o meglio tornò nel traffico che lentamente l'avrebbe guidata fino a casa, le macchine come le briciole di Pollicino nel bosco, che allegria.

«Com'è così in ritardo regazzi'? Ce ne stavamo pe' annà via.»

«Mi prendete anche il tempo, ora?»

«Me pare er minimo.» Milvia sorrise.

«Sono dovuta andare dall'altra parte della città per riprendere il mio zaino. Una storia lunga e poco interessante.»

«Certo che te 'n t'annoi mai, eh.»

«Quanto vorrei un po' di noia ogni tanto, non ne hai idea, Li'.»

«Ta'a prestamo noi se voi.»

«Grazie, siete tutti molto gentili.» Amelia si sistemò meglio sulla panchina. «Ultimamente però sono troppo al centro di ogni discorso, perché non mi raccontate voi qualcosa una volta tanto?»

«Vabbè, visto che mo'o chiedi comincio io» disse Milvia schiarendosi la gola. «Voglio abbandonare il centro anziani.»

«Cosa?!» La risposta fu unanime.

«È che me stanno tutti sur cazzo. Bene, ho finito il discorso, ora tocca a voi.»

«A Mi', mamma mia, sempre a fà 'e scene. Ma che te frega.» Lidia guardò gli altri, ignorando la presenza della sorella. «Dice sempre così ma tanto poi no'o fa mai, can che abbaia...»

«Ma vaffanculo, Li', ma che ne sai te, sò arivata al limite. Can che abbaia, ma senti te che cazzate me tocca sentì. Io me ne sto a casa mia, no co' quei quattro vecchi stronzi.»

«Sai che, togliendo Amelia, anche qui siamo quattro vecchi stronzi, vero?»

«Sì, Albe', sò circondata solo da vecchi stronzi, che ce voi fà, è 'a condanna mia.»

«Non mi dire che è sempre per il torneo.»

«No, regazzi', è che sò 'ncapaci. Non sanno fà un cazzo, e se jelo dici, apriti cielo, vanno 'n puzza. Ma m'hanno trovato, guarda, m'hanno proprio trovato. E chi ce va più.»

«Ma proprio adesso che ci siamo iscritti anche io e Viola!»

«Me dispiace, sei arivato tardi, bello, me trovi ar portone dopo 'r tuo quanno te pare.»

«Dài, Mi', fai come hai sempre fatto, vai là e non parlare a metà degli anziani presenti.»

«Magari fossero la metà, Albe', 'sta stronza ha litigato co' tutti, famo prima a dì con chi nun ha litigato, me sa che me sarvo solo io.»

«Anvedi questa, no, nun te sarvi nemmeno te, visto che stai sempre a fà combriccola co' 'a gente sbajata.»

Lidia si girò platealmente verso il suo pubblico silenzioso: «Ecco, e io sò la sorella, pensate coll'artri».

«Milvia, cerca di stare più tranquilla, che cosa ti importa se gli altri non capiscono, sono solo quattro vecchi stronzi, no? Prendila con filosofia ed evita di arrabbiarti così tanto, non ti fa bene.»

«Se ce vado, Ame', è solo pe' fà compagnia a questa.»

«Se, lallero. Pare vero, quanno mai m'hai fatto 'n favore?»

«De continuo, Li', 'a vita mia è tutta 'n favore verso de te. Comunque io ho parlato. Ora tocca a voi. Vai, Albe'.»

«Che ce stai a dà li turni?»

«Mamma mia, Li', che gatto attaccato ai cojoni però, era pe' dì.»

«Sempre che voi comannà, è per questo che litighi co' tutti, ar centro.»

«Albe', dài, su, te prego.»

«Bene, allora, vediamo, io e Viola abbiamo contattato una persona che ci pulirà casa e penserà al posto nostro ad alcune cose che non abbiamo più voglia di fare, come già sapete ci siamo ufficialmente iscritti al centro anziani, a quanto pare con un leggero ritardo sulla tabella di marcia, e per finire con le buone notizie: la settimana prossima verranno a trovarci Silvia e i bambini. Viola è corsa subito a comprare così tanti giocattoli per i nipotini che mi sembra già di sentire le urla di nostra figlia che dice che li viziamo troppo.»

«E così ve sete fatti 'a filippina.»

«Di tutto questo discorso tu hai colto solo la cosa della donna delle pulizie? Veramente?» Amelia rideva guardando Milvia, che alzò le spalle per risponderle con velata sufficienza:

«Io capto le cose importanti, er succo der discorso.»

«Non è filippina comunque.»
«Rumena?»
«Sembra un discorso abbastanza razzista.»
«Mamma mia, regazzi', ormai 'n se pò più dì niente a voi giovani che subito ce dite che semo razzisti.»
«È una ragazza italiana.»
Amelia fece un gesto con la mano, una roba semplice per dire "vedi?".
«Vabbè cambia poco, ve sete fatti 'a filippina italiana.»
«...»
«Che c'è mo'? Che ho detto?»
«Non è carino dire "filippina" per indicare il mestiere di donna delle pulizie.»
«Scusa se to'o dico, regazzi', ma si s'offende se 'a chiamo filippina allora 'a razzista è lei.»
«Mi arrendo.» Amelia si era del tutto rilassata sulla panchina e rideva come se poco prima non avesse pensato di finire morta, con il cuore esploso, nel bel mezzo del suo ampio salotto.
«Oddio, i cani!»
L'urlo di Lidia la riportò alla realtà.
Gastone, una fiera nuvola di pelo dorato, guidava il gruppo di cani maschi verso la parte inesplorata del parco, ai confini del mondo conosciuto e della strada. Otto in arte Ridge era con loro (ultima fila, colpa del suo affanno).
«Dev'esserci una cagnetta in calore, proprio come due mesi fa.» Alberto si alzò dopo aver parlato, e in realtà si alzarono tutti, ma la cosa che preoccupava Amelia era che nessuno sembrava lontanamente intenzionato a muovere un passo.
Anzi, spostato lo sguardo dai fuggitivi, ora fissavano lei senza sbattere le palpebre.
«Tocca a me anche questa volta, vero?»
«Regazzi', se non voi facce partì 'e coronarie direi proprio de sì.»
«L'importante è pijà Gastone, 'o sai no? 'Na vorta preso lui poi l'artri se sgonfiano.»

«Gastone corre come fosse sotto acidi e io non sono allenata.»

«Due mesi fa ce l'hai fatta.»

«Datemi tutti i croccantini che avete, i premietti, quella roba lì, forza, sbrighiamoci.»

«Anche perché non vedo più le code» aggiunse calma Viola. «Sono già dall'altra parte della cunetta.»

«Mi dovete un grosso favore.»

«Se perdi quer cane, perdi er lavoro, fai 'n favore a te stessa.»

Amelia guardò scuotendo la testa prima Milvia che aveva parlato e poi gli altri.

«Prima o poi smetterò di venire qua alle panchine, questo è una specie di avvertimento.»

«Corri, regazzi', corri e nun te fermà.»

«T'aspettamo qua.»

Virginia e Beatrice erano già sedute a uno dei tavoli.

«Siete arrivate presto.»

Le avevano mandato un messaggio nel pomeriggio, erano entrambe libere e d'accordo per andarla a trovare la sera stessa al locale.

«Altrimenti sarebbe stato impossibile trovare parcheggio, e la signorina con il pancione non riesce a camminare troppo.»

«Magari se non avessi una macchina che è un transatlantico sarebbe più facile trovare un buco.»

Virginia sorrise facendo tintinnare i braccialetti sul polso.

«Mi dispiace, è l'unica macchina che ho e sarà così per molto, moltissimo tempo. L'ho fatta anche benedire.»

«Benedire?»

«Hai fatto benedire la macchina?»

«Sì, non si sa mai, è meglio avere Dio dalla propria parte, a volte.»

«Cioè c'è un prete che per lavoro benedice le macchine?»

«A quanto pare...» Beatrice rispose ad Amelia con un'alzata di spalle scoperte. Indossava un maglione violaceo con lo scollo a barchetta e con tutta probabilità un reggiseno senza spalline, il seno era troppo grosso per sopportare da solo il peso degli anni.

«Avete già ordinato? Cosa vi porto?»

«Per me una triste cedrata, per Bea non so.»

«Un mojito, grazie.»

«Mi cambio un secondo e arrivo subito.»

«Ti aspettiamo qui.»

Amelia andò nel retro e iniziò a togliersi i soliti dieci strati che la proteggevano durante i viaggi in motorino. Fu solo uscendo che incontrò Claudio, l'altro barman.

«Ehi, Cla'.»

«Ciao, Ame.»

«Ma Federico oggi viene?»

«No, viene Tommaso a sostituirlo, il ragazzo che c'era ieri.»

«Ah, ok, ma lo hai sentito? Sta bene?»

«Non so nulla, mi dispiace.»

«Ok, gli manderò un messaggio.»

«Sì, scrivigli di tornare presto che Tommaso è lento e tocca a me fare il doppio del lavoro.»

«Glielo dirò sicuramente.»

Claudio le fece l'occhiolino e si separarono.

«Eccomi con il vostro mojito e la vostra tristissima cedrata.»

«Grazie, Ame,» disse Virginia «recensirò positivamente il locale su Tripadvisor.»

«Non dimenticarti di nominare la cameriera figa.»

«Assolutamente.»

«Un po' vuoto eh?» Beatrice si guardava intorno.

«Il grosso della gente non arriva prima delle undici, infatti adesso posso stare un po' con voi.»

«Vedi che abbiamo fatto bene ad arrivare presto? Un brindisi, Bea?»

«Non brindo con te che hai la cedrata, sembriamo due sfigate.»

«Dài, tanto non ti vede nessuno.»

«Secondo me porta anche sfiga.»

«Ok, faccio da sola.» Virginia avvicinò la cedrata al mojito e li fece scontrare, poi bevve un lungo sorso.

«È molto buona, non sapete cosa vi perdete.»
«È molto buona se hai cinquant'anni.»
«O se sei incinta e non vuoi un figlio con quattro braccia.»
Amelia guardò storto Virginia.
«Non credo che nascano così, i bambini con quattro braccia.»
«Ah no?» rispose Virginia sulle note dei ciondolini dei braccialetti in movimento.

Come volevasi dimostrare alle ventitré il locale brulicava di vampiri assetati, e Amelia non aveva più tempo per dare retta alle sue migliori amiche, se non per fuggevoli sorrisi di passaggio.
Ogni tanto notava Nina, intenta nelle sue cose.
Non aveva rivelato né alle amiche in visita né a se stessa quello che a Nina era sfuggito di bocca la sera prima.
Non era pronta a farsi carico di quel pensiero che non lasciava scampo.
E infatti via con le ordinazioni, il bancone, le moine, canticchiando ritornelli pieni di insulti sessisti, tutto come sempre in una confortevole routine, molto lontana da gesti irresponsabilmente romantici.
Durante la pausa era uscita con le sue amiche – niente retro per questa volta.
«Vedervi fumare è un supplizio, ma forse è peggio guardare le gambe perfette di quelle piccole streghe» disse amara Virginia.
«Anche noi eravamo così, è la bellezza del somaro, lo sanno tutti, fino ai venticinque siamo tutte belle.»
Beatrice si scostò dall'amica incinta per non sputarle il fumo addosso.
«Io non mi ricordo di essere stata così, forse te e Amelia, ma io no.»
«Amelia è ancora così.»
«Ma che dici, Bea, sei già ubriaca dopo un mojito?»
«Due.» Beatrice aspirò nuovamente, poi concluse la frase:

«Sei sempre stata quella bella, e non mi pare che tu sia cambiata molto in questi anni. Se la biondina lì ti prestasse il vestito sembrereste gemelle.»

«Dài, Ame, Bea ha ragione. Non fare finta di non saperlo.»

«Non sto fingendo proprio nulla.»

«Essere tua amica ha sempre significato stare al secondo posto. Potevamo essere simpatiche ma non facevamo battute sarcastiche, potevamo truccarci per ore ma poi arrivavi tu, mezza spettinata, e i ragazzi non ci guardavano più, potevamo andare bene nei compiti in classe ma i nostri genitori sapevano che tu eri andata meglio, potevamo far sesso con gli intoccabili di quinta ma tu eri quella migliore che aspettava l'amore.»

«Wow!» Amelia era fissa su Virginia, le labbra a cuore (le sue amiche avevano proprio ragione su quel viso da bambolina) strette in una specie di smorfia (la tipica smorfia da protagonista del film che accusa una cocente delusione, quindi, tutto sommato, sexy).

«Da quanto ce lo avevi pronto questo discorso? Perché non sembrava affatto improvvisato.»

«E su, Amelia, non te la prendere, Virginia ha detto solo cose ovvie per tutte noi, te compresa. Non era mica un attacco, noi ti vogliamo bene. È solo che a volte fai la finta ingenua quando le cose vanno palesemente in una specifica direzione.»

«La finta ingenua? Perché non assecondo i vostri deliri?»

«Be', se siamo in due a dirtelo forse non siamo noi le pazze, no? Come la storia di quello contromano in autostrada.»

«Scusa Virgi se non penso che voi due siate il campione perfetto.»

«E perché non lo saremmo? Facci capire.»

Amelia non rispose.

«Ecco. Perché sei solo tu il campione che conta, giusto? Tu sei sempre quella che ha ragione, tutt'al più gli altri possono solo aspirare a essere svegli come te.»

«Non ho detto questo.»

«Non serve che tu lo dica, ti conosco.»

«Adesso non metterti a fare la stronza.»

«Perché? Puoi farla solo te la stronza?»

«Io non sto facendo la stronza.»

«Secondo noi sì. Ci è permesso di pensarlo o vuoi comandare anche i nostri pensieri?»

«Adesso parli anche al plurale? Bea sta zitta. Anche tu la pensi così?»

«Sì, Ame, a volte tratti le persone come se fossero inferiori. Sei lì e sembra che solo tu possa lamentarti, quando sei quella che tutte invidiano da sempre. Ma tu dài tutto per scontato. Non è un comportamento da stronza?»

«Sì, te lo dico io, lo è.»

«Tu stai facendo un figlio, con il tuo migliore amico, in una casa bellissima e piena d'amore. Tu invece, grazie al tuo lavoro sicuro e strapagato, ti stai comprando una casa e ti sposi dopo un colpo di fulmine alle Baleari. E io? Io pulisco il culo ai ragazzini fatti. Secondo me qui le uniche due stronze siete voi.»

«Ce ne faremo una ragione.»

«Perfetto. Vorrà dire che io farò lo stesso mentre mi fate il favore di andarvene a fanculo.» Amelia gettò la sigaretta a terra e la schiacciò con il piede. «Adesso scusatemi, ma devo rientrare per pulire i bagni dai fluidi corporei di qualche adolescente, spero che non vi sentiate messe in ombra dalla mia fantastica vita da numero uno.»

«Amelia, cazzo...»

Amelia tirò dritto senza voltarsi. La sua pausa non era ancora finita, in realtà, quindi, a passo spedito, andò a controllare il cellulare nella borsa.

Federico le scriveva solo che aveva avuto tanti impegni per il lavoro del padre e che aveva preferito dedicarsi solo a quello per due giorni.

La risposta di Amelia partì prima che Amelia accendesse il cervello.

Diceva che stava arrivando, e di scriverle la via.

Era scappata dal retro del locale con le sue cose strette al petto, arrampicandosi sul muretto e scavalcando come una bambina in gita, tutto per evitare d'incontrare le due amiche e le loro folli idee, e ora fissava inebetita il punto di non ritorno: un portone maestoso, ai piedi di un palazzo signorile a corso Francia.

Con Nina aveva accampato delle scuse fingendo di sentirsi improvvisamente molto male, colpa di alcune fitte improvvise e lancinanti al basso ventre. Era stato facile, nessuno avrebbe voluto che aggiungesse altro vomito al vomito.

Amelia citofonò e subito dopo il portone iniziò ad aprirsi al rallentatore.

Fece le scale, ignorando l'ascensore. Doveva smaltire una specie di scossa adrenalinica che le percorreva il corpo.

Federico aveva già socchiuso la porta. Tentennò giusto quel poco prima di entrare, chiedendosi cosa stesse facendo e lasciando che la domanda rimanesse senza risposta, e intanto si spostò delicatamente una ciocca di capelli dietro l'orecchio.

«Posso?»

«Certo, vieni.»

«Spero potrai perdonarmi per non aver portato la pizza.»

«A quest'ora meglio così.»

Federico sorrise, indossava una felpa nera e i suoi mezzi ricci erano più spettinati del solito.

«Forse avrei dovuto fermarmi a prendere dei cornetti ma...»

«Ma tu stai sanguinando» la interruppe lui.

«È solo un graffietto.»

I jeans di Amelia si aprivano dritti in uno squarcio macchiato sotto al ginocchio sinistro, il sangue rappreso intorno alla pelle.

«Sei caduta dal motorino?»

«Mh. Una cosa del genere.»

Federico sembrò annuire a se stesso, con decisione.

«Seguimi, dovrei avere dell'acqua ossigenata da qualche parte in bagno.»

«Ma non c'è bisogno, veramente, è una stupidaggine, non preoccuparti.»

«Non ci vuole nulla, da questa parte.» Federico indicò un punto alla sua sinistra. «È l'ultima porta in fondo al corridoio, aspettami lì.»

«Fede, ma...»

«Aspettami lì.»

Amelia camminò lungo il corridoio e accese la luce in bagno. Si sedette sul bordo della vasca e iniziò a guardarsi intorno. Tutto dava l'impressione di poter risplendere. Le sfumature di bianco dei mobili, e il caldo bianco latte delle mattonelle. Nulla di sofisticato, ma tutto molto elegante e confortevole. Niente a che vedere con il suo di bagno, che al confronto assomigliava a una semplice doccia neanche troppo comoda.

«Metti questi.»

Federico si era riaffacciato alla porta con un paio di pantaloncini ~~da basket?~~ da basket stretti in una mano.

«Ripeto: non ce n'è bisogno.»

«Adesso chiudo la porta, tu ti cambi, e poi mettiamo dell'acqua ossigenata su quel graffio mentre mi racconti come te lo sei fatto.»

Le stava veramente parlando come fosse una bambina?

«No, dài, se proprio vogliamo mettere dell'acqua ossigenata mettiamola così, non ho bisogno di cambiarmi.»

«E invece sì.»

Federico, che non sembrava incline ad ammettere repliche, lanciò i pantaloncini nella vasca e chiuse la porta alle sue ~~grandi~~ spalle.

«Fammi un fischio quando hai finito» urlò allontanandosi.

Solo un pensiero attraversò la mente di Amelia in quel momento: *Porca puttana, i peli.*

Come poteva tirarsi fuori da quella situazione? Una lametta.

Aveva poco tempo per iniziare una caccia al rasoio, in quel bagno dannatamente ordinato.

Si alzò di scatto e iniziò ad aprire tutti i cassetti a portata di mano, come diavolo le era venuto in mente di andare a casa di Federico?, le cose erano allineate perfino dentro i cassetti, ma non poteva semplicemente continuare a lavorare in silenzio e dopo andarsene dritta a casa sua, rasoio, rasoio, rasoio, no, niente, doveva sempre cacciarsi in guai più grossi di lei e senza vie d'uscita, guardò il mobiletto a destra, prima o poi sarebbe morta con il cuore in gola e le gambe pelose, poi il mobiletto a sinistra, non farti prendere da un attacco di panico, magari qui in fondo, dentro a questo beauty, non pensare agli attacchi di panico, non è questo il momento adatto per stramazzare al suolo, bingo! Nel beauty blu, prevedibile, grazie a Dio.

Era un rasoio elettrico.

Si abbassò i jeans fino a sotto le cosce, poi cominciò a strattonare con le gambe per fare più in fretta.

Niente sapone, niente acqua, niente tagli: lato positivo.

Rumore, tanto rumore: lato negativo.

Amelia si abbassò e cercò nelle tasche dei jeans il cellulare, una volta trovato alzò il volume al massimo e fece partire della musica. Chiuse gli occhi, buttò fuori l'aria dal naso e sperando di morire all'istante iniziò a cantare.

Passò veloce il rasoio, cercando di non premere eccessivamente contro la pelle, con i piedi puntati a turno sulla vasca.

Finita l'ultima mezza gamba, con una mano aprì l'acqua per cancellare le tracce, con l'altra s'infilò i pantaloncini di Federico.

Era rimasta solo un'ultima cosa da fare.

«Tutto bene lì dentro? Hai messo la musica?»

«Mi è partito per sbaglio Spotify... comunque ho pensato di sciacquarmi la ferita con l'acqua prima di disinfettarla...»

«Ah, certo, fai pure con calma.»

Pulire la testina di quell'aggeggio e rimetterlo magicamente al suo posto.

«Fatto. Puoi entrare.»

Federico la osservò nei suoi nuovi panni e le sorrise sulla voce di Drake. Amelia prese il telefono e facendoselo passare da una mano all'altra lo spense.

«Ti donano.» Poi si voltò e aprì un armadietto.

«Sei fortunata, non è nemmeno scaduta.»

Le passò dell'ovatta imbevuta sulla ferita. Dopo due minuti di sfregamenti era tutto a posto.

«Vuoi qualcosa da bere?»

«Acqua.»

«Sei sicura? Non vuoi una birra?»

«No no, grazie, l'acqua va bene.»

«Ok, vieni.»

Amelia lo seguì guardandosi la punta delle scarpe sotto le gambe ~~arrossate~~ nude. In cucina, Federico aprì il frigo.

«Siediti pure.»

«Grazie.»

L'ambiente era grande, quasi asettico, con molti elementi – che sorpresa – in marmo. Amelia iniziò a tamburellare con le dita sul tavolo.

«Mi piace questa cucina.»

«Grazie. Questa casa era di mia nonna, l'ho dovuta rifare tutta. Tieni» le passò il bicchiere. «Hai fame? Qualcosa di dolce? Se vuoi guardo nella credenza e tiro fuori tutto quello che ho.»

«No, tranquillo. Non ho fame, ma grazie lo stesso.»

«Ok.»

Federico prese una sedia. Sorrideva ma con la mascella serrata, si guardava intorno – chi è che si guarda intorno seduto nella propria cucina?

«Sicura di non volere una birra?»

«In effetti, forse sì...»

«Ottimo!» L'accenno di due fossette sui lineamenti geometrici. Stappò un paio di Heineken.

Bevvero entrambi un ~~lungo~~ sorso.

Amelia devi dire qualcosa, ora.

«Ho litigato con le mie amiche e non volevo rimanere al locale un minuto di più. Ho finto di avere sintomi molto gravi per filarmela, quindi non dire nulla a Nina, mi raccomando.»

«Non ti preoccupare. Anche se avrei tanto voluto assistere alla tua fuga...»

«Non ti sei perso niente. No, ok, non è vero, mi sono arrampicata.»

«Arrampicata?»

Amelia annuì mordendosi il labbro inferiore.

«Dài, racconta.»

«Per non essere vista e fermata dalle mie amiche, ho scalato la ringhiera sul retro.»

«Quando torno me lo devi rifare.»

«Non se ne parla, scordatelo.»

«Sì invece, e ti faccio pure un video.» Federico prese un altro sorso.

«Sì, da riguardare nei momenti tristi.» Amelia lo imitò.

«Esattamente. Ma Nina non si è accorta di niente?»

«No. Avrà pensato che tu sia uscita come le persone normali, magari in un momento in cui lei era di spalle a farsi uno shottino.»

«Probabile...»

«Sono entrata in modalità ninja, non mi ha vista nessuno.»

«Ninja?» Un dito di Federico indicava il ginocchio di Amelia.

«Una specie di ninja, ok? Andava tutto bene fino a che non sono caduta.»

«Dovrei invitarti alla prossima sessione di Dungeons and Dragons, abbiamo bisogno di una ninja come te nel nostro gruppo.»

«Tu giochi a Dungeons and Dragons?»

«Ho molti assi nella manica.»

«Non sapevo fossi un nerd.»

«Non sono un nerd, diciamo solo che amo il fantasy e i giochi di ruolo fantasy, e che questo tavolo per poco non ha rischiato di avere le zampe a forma di testa di drago.»

«Ok, sei un nerd.»

«Credo proprio di sì. È una colpa?»

«No, a meno che tu non ritiri l'invito a giocare a D&D.»

«Non lo ritirerò, promesso.»

«Grazie.»

Amelia bevve un altro goccio, anzi due.

«Ora posso chiederti perché hai litigato con le tue amiche?»

«Figurati, mi sono imbucata a casa tua a un orario indecente, ne hai tutto il diritto.»

«No, veramente, se non vuoi parlarne, posso farti vedere la mia collezione di francobolli.»

«Stai scherzando, vero?»

«Forse.» Federico rise, e la fossetta di sinistra diventò più profonda della fossetta di destra. «Sì, sto scherzando. A una certa ora faccio battute di dubbio gusto.»

«Be', stasera ho scoperto che le mie amiche sono convinte di vivere da sempre nella mia ombra. Loro, capito? Loro che hanno avuto tutto quello che volevano dalla vita. Non so se questa cosa mi faccia più ridere o piangere.»

«Magari loro la vedono così, dal loro punto di vista, intendo.»

«Un punto di vista cieco, probabilmente. Fidati, qui non c'è proprio nulla da invidiare.»

«Mia madre dice sempre che l'erba del vicino è sempre più verde.»

«Anche mia madre dice un sacco di cazzate.»

Risero entrambi. Amelia si sforzò per non notare la distanza che i loro corpi avevano vinto, semplicemente continuando a parlare. E a bere.

«Comunque, è un discorso complicato, forse sono solo io che mi sento sempre un passo indietro a tutti. Se dieci anni fa mi avessero chiesto come ti vedi a trent'anni, non avrei di certo risposto: nella confusione più totale. La mia idea era molto più simile a una donna in carriera, con due figli, un giardino e un labrador.»

«Un labrador?»

«Era una fantasia molto dettagliata.»

«E poi che è successo?»

«La vita vera. Vai avanti come puoi, e sposti nel tempo le tue fantasie. Le riduci anche, a volte, per non restarci troppo male.»

«Tipo il labrador che diventa uno yorkshire?»

«Tipo. O i due bambini biondi che diventano due piccole scimmiette maleducate.»

«Da ragazzino sognavo di aprire un ristorante, dicevo sempre che avrei avuto il ristorante più bello di tutta Roma, una cosa di lusso con un pianoforte al centro.»

«E poi che è successo?»

«La vita vera, no? O meglio mio padre, che mi ha severamente vietato di frequentare l'alberghiero. Le scelte erano due: scientifico o classico, nessuna discussione. Optai per lo scientifico. Poi nel frattempo ho fatto dei corsi di cucina, sono partito l'estate, ho lavorato a Malta, in Grecia, in Francia. Avevo trovato una specie di equilibrio, fino a quando non ho fatto gli esami di maturità e la mia scelta obbligata è diventata architettura. La mia fantasia quindi me la tengo per la terza età.»

«Ti capisco, mi dispiace.»

Amelia guardava Federico e Federico guardava Amelia, e non perché fossero gli unici seduti in quella cucina, la situazione non sarebbe mutata nemmeno a fronte di venti comparse buttate lì nello spazio circostante.

Amelia guardava Federico e Federico guardava Amelia solo perché, innocenti, non trovavano altra soluzione a ciò che sentivano di non potersi concedere.

Lui fece un respiro profondo prima di dire, senza interruzioni tra le parole soffiate: «Sono contento che tu sia venuta qui».

Lei si era quasi dimenticata di respirare, prima di aggiungere, con un filo di voce: «Non sarei potuta andare da nessun'altra parte».

Federico chiuse appena gli occhi, quella bordatura nera che sembrava esser stata disegnata da mani complici dell'universo instabile, e si schiarì la voce: «Allora, non vuoi proprio niente da mangiare?».

«No, grazie.»

Amelia aveva lo stomaco serrato.

Entrambi rimasero di nuovo in silenzio, concentrati nella ricerca di un argomento qualsiasi che potesse tirarli fuori da quell'impasse.

«Proprio bella questa casa.» Dopo averlo detto Amelia si chiese se non lo avesse già detto.

«Sì.»

«Mh. Mh.»

Cercava di annuire in maniera intelligente.

«Ma non ho un letto a soppalco.»

«Ho detto bella, non perfetta. Non montarti la testa.»

Lui rise, lei sembrò allentare la presa. Non capiva nemmeno perché si stesse preoccupando così tanto.

Federico si alzò, si passò una mano tra i capelli e la fece scivolare fino alla nuca. Andò verso il frigo, lo aprì, non prese nulla, lo richiuse. Poi fece un grosso respiro prima di voltarsi. «Tu mi piaci, Amelia. Mi dispiace, ma mi piaci più di qualsiasi persona mi sia mai piaciuta e io non posso farci nulla.»

Amelia strinse la bottiglietta di birra ormai vuota, la condensa a contatto con il palmo.

Si sentiva come pietrificata sul posto, come se le avessero asportato ogni organo interno e lei fosse rimasta in una specie di limbo fuori dalla sua dimensione fisica.

«Ora devo andare, scusami» disse d'impulso.

Poi si alzò. Si alzò, Amelia, con le ginocchia che non reggevano del tutto il peso della sua coscienza in pantaloncini da basket, e si mosse, in una corsa lenta, nelle azioni incompiute di cui non riconosceva il senso, si mosse verso la porta, ripetendo a ritroso il percorso fatto dalla lei di prima, prima che sapesse. Non vedeva Federico che incespicava e la seguiva, certo di aver fatto un casino, maledicendosi di non aver potuto fare altrimenti.

Aprì la porta e cercò le scale, Amelia.

Un gradino, e poi due e poi tre, cosa stava facendo.

Due alla volta, in equilibrio su quelle ciglia lunghe.

Mezzi passi e il suono della sua risata accavallato alla propria.

Mezzo passo, e il suono della risata di Federico non esiste più.

Un altro ancora, ed è sempre più lontana dalla corda della sua voce che le dice «mi piaci».

Più di qualsiasi altra persona mi sia mai piaciuta, e torna indietro, Amelia.

Prendendo in prestito il coraggio di un altro, torna indietro, e non sa quanti scalini fa con un passo solo, non pensa più a niente, Amelia.

Corre come un gambero pentito su quelle scale che si fondono alla sua rivincita personale. Per una volta, senza pensare, senza un briciolo di razionalità.

Federico non ha chiuso la porta, d'altronde sono anni che aspetta.

Amelia è lì, di nuovo, senza logica.

Amelia guarda Federico, Federico guarda Amelia, questa volta, per tutte le volte, finalmente, si baciano.

Sdraiati l'uno accanto all'altra, con la lampada a forma di Stormtrooper che li illuminava in superficie, parlavano adagio, come se le parole avessero d'improvviso acquistato un significato imprevedibile, che a stento riuscivano a contenere con le loro bocche umide, e tutto poteva accadere visto che tutto era già accaduto, stravolgendo la necessità.

«Dovresti dirmi qualcosa che non so.»

«E perché dovrei farlo?» disse lei, tirando a sé l'angolo di trapunta.

«E perché non dovresti, invece.»

«Forse perché rischierei di risultare meno interessante di quanto pensi.»

«È una paura del tutto infondata.»

«Lecita direi.»

«Voglio sapere ciò che non so.»

Il viso di Amelia era limpido, i capelli lo incorniciavano sul cuscino.

«Non è quello che vogliamo tutti?»

«Forse, ma a me interessa sapere ciò che non so di te.»

«I miei segreti più oscuri.»

«Qualcosa del genere.» Federico sorrise con gli occhi premuti su di lei.

«Non credo di averne.»

«Tutti hanno dei segreti terribili dentro le proprie camere».

«Come questa lampada?»

«Proprio così, e visto che hai scoperto il mio, ora dovresti dirmi il tuo.»

«Sono obbligata.»

«Certamente.» Federico si avvicinò per baciarla sulla punta del naso.

«Visto che sono obbligata da regole che hai stabilito tu senza interpellarmi, te lo dirò, ma promettimi che, anche se poi non volessi vedermi più, almeno per il resto della notte potrò restare qui.»

«Un'ultima notte insieme, ci sto.»

«Puoi promettermelo.»

«Posso giurartelo.»

«Addirittura.»

«Addirittura.»

«Ok.» Amelia prese più fiato e più coperta, quasi a voler scomparire dietro al fortino che si era costruita. «Io ho una tabella.»

Federico rimase in silenzio, lo sguardo perplesso.

«Insomma io ho questa tabella, se così vogliamo chiamarla, su una nota del mio cellulare, e in questa tabella ci sono delle scadenze, delle date. Date segnate in cui vorrei accadesse qualcosa. Ogni tanto, visto che sono una persona realistica, le sposto in avanti, ma ogni volta che lo faccio mi sembra di perdere una parte di me. Ho una data per un matrimonio, una data per un figlio. La prima data era un lavoro sicuro.» Amelia rifiatò, le sfumature verdi dei suoi occhi vibravano nella luce ovattata. «Non l'ho mai detto a nessuno. Ci sono andata molto vicino ma non l'ho mai fatto. Ora se non vuoi più avere niente a che fare con me lo capisco, a volte anch'io vorrei poter non aver a che fare con me e con questa testa piena di obiettivi fissati su un telefono.»

Amelia tirò in dentro le labbra, le sentì scivolare sotto ai denti. Federico invece sembrava tranquillo, la sua espressione non era cambiata mentre lei si metteva ~~in ridicolo~~ a nudo, per la prima volta pienamente conscia di quanto le sue azioni potessero essere controproducenti.

«Tutto qui?» fece lui con un mezzo sorriso.

«Sì.»

«Devo avvisarti, non so quanto siano lontane o meno queste date nel tempo, so solo che vorrei essere io la persona con cui le immaginerai la prossima volta che le ritocchi.»

«Vorresti...»

«Non ho fatto altro per anni, Amelia.» Federico e i suoi lineamenti ricalcati da una matita nera. «Se non aspettare te e tutte quelle stupide date.»

-2

~~*1992 Ever Laurel da Hong Kong a Tacoma. 28.800 animali di gomma galleggianti. Tempesta sul Pacifico.*~~

~~*1992*~~

~~*La Tempesta.*~~

Amelia si svegliò definitivamente dopo una notte in cui non era riuscita a dormire per più di mezzora di fila. Ogni volta che chiudeva gli occhi, stremata, un peso che le comprimeva lo stomaco come fosse una scatola di sardine, travestito dal peggiore degli incubi della sua reale infamia, la faceva riemergere in una superficie buia e senza sogni, a stretto contatto con il peggio che c'era in circolazione: se stessa.

Federico era lì, ignaro, che dormiva serenamente al suo fianco, contro la sua pelle in fremito. Non si spostava di un centimetro e sembrava non avvertire il flusso elettrico che pulsava tra loro senza darle tregua. Aveva potuto intuirne il profilo, i contorni decisi abbandonati sul cuscino, nero contro nero, mentre lei non trovava pace né riposo – fondamentalmente perché non meritava entrambe le cose.

Di certo, non meritava lui.

Quella notte aveva ~~lanciato~~ passato lo scettro della ragione a tutti, ad Andrea, a Virginia, a Beatrice. In fin dei conti si era rivelata per la stronza che era.

Il germe latente che lei non aveva voluto vedere, ma che gli altri sospettavano covasse nell'ombra, era venuto allo scoperto quella notte e lei non poteva più fare nulla per ricacciarlo in fondo alle sue viscere da strega irrispettosa.

Si alzò cercando di non disturbare Federico (il quale, per la cronaca, doveva avere un sonno alquanto pesante visto che non sembrava essersi accorto di aver avuto accanto una trottola irresponsabile per tutta la notte), e ricordandosi del suo cellulare ancora spento lo riaccese.

In realtà prima dovette cercare il pin camuffato in un bigliettino dentro al portafoglio. Non spegnendo mai il cellulare era raro che ne avesse bisogno, e con quella testa piena di bizzarre futilità tendeva a dimenticarlo.

Digitò il pin, spogliandolo dei numeri inventati (12345, che fantasia...), grande strategia contro i ladri in agguato, e il cellulare riprese vita.

Rimase tramortita dal quantitativo spropositato di chiamate senza risposta: le sue amiche dovevano sentirsi veramente in colpa per aver cercato di interrompere il suo silenzio stampa per ben ventisette volte.

L'aveva cercata Virginia, e così Beatrice, ma la maggior parte delle chiamate proveniva inaspettatamente dal cellulare di Alberto, e un paio perfino da quello di Lidia. Strano, e in realtà abbastanza preoccupante, nella misura in cui ad Amelia iniziarono a tremare le mani.

Lì per lì non fece nemmeno caso all'orario in cui erano state fatte, chiamò direttamente Alberto.

«Amelia!»

«Albe, ho visto ora che mi avete cercata, dimmi.»

C'era qualcosa nella sua voce che pur non riconoscendo cercò comunque di dissimulare.

«Ho provato a chiamarti perché Milvia si è sentita male. Ha avuto un infarto, Amelia. Stiamo in ospedale. Amelia, tesoro, ci sei?»

Amelia forse non conosceva la risposta.

«Dimmi solo che ospedale e arrivo.»

Di fronte a uno specchio, impietrita, Amelia osservò una lacrima scenderle fino al petto, proprio come una crepa sgualcita che non poteva riparare.

Si infilò il cappotto, prese la borsa, e corse in camera di Federico.

«Scusa, me ne devo andare.»

Federico socchiuse un occhio, quello che non era stagliato

contro il cuscino, e ci mise poco a metterla a fuoco, tremante, mezza svestita ma con il cappotto.

«Amelia, che succede?»

«Devo andare ora. Non volevo scappare senza avvisarti. Ci sentiamo, scusami.»

«Ok.» Federico cercò di alzarsi, di dire qualcosa, di capirci qualcosa, ma Amelia era sconvolta, piangeva senza gemiti, e prese in fretta la porta di casa.

Terzo piano.

Amelia non aveva smesso di correre da quando aveva ripreso il motorino, tanto che sentiva nelle sue stesse gambe nude lo slancio che le permetteva di guizzare tra le macchine, in un continuo sussulto che la tendeva oltre.

Si era immobilizzata, poi, solo di fronte alla scritta "Terzo piano", inequivocabile.

Alberto l'aveva trovata lì, gracile dietro alle sue lacrime piene.

«Andiamo, è in stanza.»

Così l'aveva seguito senza ribattere, concentrandosi sulle fughe chiare tra le piastrelle lucide.

Milvia e la sua faccia pallida, priva del solito trucco, erano irriconoscibili.

Aveva alzato una mano quando li aveva visti entrare.

«Regazzi'.»

«Ehi, come stai?»

«E chi m'ammazza!» Milvia sorrise, le labbra asciutte.

Lidia era seduta lì accanto, vicino c'era Viola.

«Scusa se non sono venuta prima.»

«Tranquilla, tanto stavano tutti qua, questi ni'i posso né vende né impegnà. Però potevi pure vestitte, eh, che sei uscita a metà novembre in mutande pe' 'na pora vecchia?»

«Vedo che ti sei ripresa bene, comunque non sono mutande ma pantaloncini da basket.»

Amelia aprì leggermente il cappotto.

«Che è 'na moda nova? Forse erano mejo 'e mutande.»

Lidia alzò gli occhi verso Milvia.

«Pe' venì da te mo' questa se pija 'a polmonite.»

Milvia accennò quella che sarebbe dovuta essere un'alzata di spalle.

«Tanto già stamo qua, famo un due per uno.»

«Sì, mi metto qui vicino a te.»

«Che culo...» chiosò Lidia.

«Comunque adesso che ho visto che stai in forma, qualcuno mi racconterebbe cosa è successo esattamente?»

«Fa' 'n favore, raccontajelo te Li', che io 'n c'aa faccio a parlà.»

«'N sei stata zitta 'n attimo fino a mo'!»

«Appunto no? Eddaje...»

«Vabbè, allora niente, praticamente stanotte m'ha svejato, sentiva 'n dolore forte ar petto e ho chiamato 'n'ambulanza.»

«Mazza come 'o racconti de merda però.»

«Ma vaffanculo, allora fallo te.»

«Ma raccontajelo bene, così sembra 'na cazzata.»

«Mo me metto a recitajelo?»

«'N po' de enfasi.»

«S'è svejata e urlava come 'na cornacchia, j'ho detto: soh a Mi', tutto bene? E lei diceva: er petto, Li', er petto, sto a morì. Va bene così?»

«Embè, mejo, no?»

«Allora ho chiamato l'ambulanza e loro sò arivati subito, poi ho chiamato Alberto e m'ha portato con la machina fino a qua. Se ne semo accorti in tempo, era ancora 'na cosa lieve.»

«Era 'n infarto Li', che cosa lieve!»

«Ner senso che l'avemo preso in tempo, stai qua ancora a rompe er cazzo, mica sei stecchita.»

«L'arberi pizzuti me devono aspettà ancora 'n artro po', tacci loro.»

«Questo è perché c'hai sto carattere de merda, to'o dico sempre io che te devi dà 'na carmata, che mica sei 'na pischella.»

«'N me fà 'nnervosì, lasciame perde che sennò me fai morì te prima der tempo.»

Amelia si avvicinò.

«Dài, per fortuna è andato tutto bene.»

«Se, però mo' vojo uscì e questi 'n vonno, me tengono qua, ma che è 'n carcere, dico io?»

«Devi aspettare, non possono rimandarti subito a casa, hai avuto un infarto.»

«Io sto benissimo.»

«To'o dico io, regazzi', questa ce farà morì a noi, altro che.»

«A Lidia, ma vaffanculo, te lamenti che 'n c'hai manco 'a pressione arta.»

«Te ce l'hai ma mica pe' corpa mia, stai sempre a urlà. Pure 'r medico j'ha detto che deve parlà a bassa voce.»

«Ma che cazzo ne sa quello.»

«È 'n dottore.»

«Se, dottore, dottore, mo' so tutti dottori, qua.»

«Sì, certo, è per questo che stiamo in un ospedale, no?» La voce di Viola d'improvviso era sembrata un sibilo in mezzo alle altre.

«A Vio', 'n te ce mette pure te, eh, che qua, 'n vo'o vorrei ricordà, c'ho appena avuto 'n infarto.»

«Sì. Ed è proprio per questo che non puoi tornare a casa. Ma tranquilla, ci stiamo qui noi a farti compagnia.»

«A regazzi', 'o sai che no'o so se è mejo morì de pizzichi o esse bloccata a sentì tutte 'e cazzate che dice mi' sorella?»

«Li mortacci tua.»

«Che sò sempre pure 'i tua, to'o ricordo.»

«Voi avete mangiato?»

«No, regazzi', mica stamo in albergo qua.»

«Allcra vado a vedere se riesco a trovare qualcosa. Torno subito.» Amelia uscì in fretta, le mani strette alle maniche del cappotto. Non sapeva dove era diretta, sarebbe semplicemente andata dritta.

Alberto la seguì ma lei non se ne accorse, se non alla fine del corridoio.

«Per di qua.»

Sentì per prima la sua voce.

«Stai bene?»

«Sì, cioè no, non credo.»

«Si è rimessa in fretta, hai visto, ora starà meglio, qui è controllata, a quanto pare è un posto dove tutti dicono d'essere medici, no?»

Amelia non rispose, vedeva ora una macchinetta in lontananza.

Racimolò delle monete dal fondo della tasca, ma nel prenderle le caddero a terra, e il rumore le fece inavvertitamente stringere i denti che serravano un lembo della sua guancia.

«Aspetta, ci penso io.»

«No, no, fermo, ora le raccolgo, non ti preoccupare.»

Un retrogusto ferroso le riempì la bocca.

«Amelia, che succede? Vuoi sederti un secondo?»

«No, non voglio.»

Non riusciva a inserire quelle stupide monete in quella stupida e striminzita fessurina metallica.

«Amelia.»

Amelia si fermò.

«Ci penso io.» Alberto infilò i soldi. «Cosa vuoi?»

«Non lo so.»

«Va bene, prendiamo delle patatine. Le patatine piacciono a tutti.»

Amelia guardava il vetro e la sua immagine sbiadita.

«Amelia, tesoro, andrà tutto bene.»

«È colpa mia.» Disse solo questo.

«È colpa tua? Cosa?»

«È colpa mia tutto quello che è successo. Questa notte ho fatto una cosa che non dovevo fare e Milvia per poco non è morta.»

«Non credo che gli infarti vengano così.»

«Io ho spento il telefono e non sei riuscito a contattarmi.»

«Ma poi lo hai riacceso. E ora sei qui.»

«Sono stata punita. Ho fatto una cosa orribile e questo è quello che succede.»

Alberto la accompagnò a sedersi, stringendole appena il braccio. «Vieni, mettiamoci qui. Sentiamo, cosa avresti fatto di così orribile tanto da far arrabbiare l'universo ai danni della povera Milvia?»

«Non posso dirtelo.»

«Va bene.»

«Certe cose finché non le dici puoi far finta che non siano mai accadute.»

«Ma sono accadute lo stesso.»

«Mi vergogno.»

«Va bene.» Alberto le aprì il pacchetto di patatine. «Qualsiasi cosa tu abbia fatto, l'infarto di Milvia non è colpa tua.»

Amelia alzò gli occhi grandi verso di lui.

«Anche perché se fosse una punizione, saresti tu quella con l'infarto, no?»

«Forse.» Amelia sbocconcellò i bordi di una patatina.

«E invece sei qui, con il cappotto aperto e i pantaloni corti perché sei una brava persona, Amelia.»

Amelia prese una seconda, poi una terza e una quarta patatina, senza emettere un fiato.

«Devi solo riposare.»

«Non posso, non c'è tempo.»

«Vai a casa.»

«Non posso.»

«Puoi tornare più tardi.»

«No. Mangio e torno dentro. Fino a quando non finisce l'orario delle visite resto qui.»

«Come vuoi tu.»

Amelia guardò dentro al pacchetto di patatine spezzate. «Non sono una brava persona» disse.

Uscendo dall'ospedale chiamò Virginia, che rispose al primo squillo.

«Amelia!»

«Sei stata una stronza ma ora ho bisogno di te.»

«Ok. Al bar?»

«Sì. Sono lì tra venti minuti.»

Amelia ripose il telefono nella tasca interna del cappotto.

Quando aveva bisogno di Virginia la chiamava e diceva ho bisogno di te, e così andavano le cose.

Ho bisogno di te era il codice che sanciva la fine di ogni discussione e veniva per questo usato in rare occasioni, roba da bollino rosso.

Tutto aveva avuto inizio allo spettacolo di fine seconda media, le ragazze si erano esercitate per settimane su una serie di coreografie che avrebbero poi eseguito nella palestra della scuola sotto gli occhi sbigottiti di mandrie di preadolescenti puzzosi. Avevano scimmiottato alcuni video musicali che passavano in televisione e avevano avuto modo di perfezionare le loro movenze da bombe sexy. L'ardua scelta dell'abbigliamento era ricaduta su uno striminzito top bianco e su dei pantaloni cargo verde militare. Tutto era stato programmato nei minimi dettagli, con un solo piccolo particolare: tutto era stato programmato nei minimi dettagli dalla direttrice-dittatrice Virginia. Quest'ultima vantava un potere non indifferente alle medie: era una leader nata. In poche parole, l'unica che portava il reggiseno e riusciva a camuffare i brufoli sotto una frangetta super alla moda. Comunque, quell'anno Virginia, accecata dal suo ruolo di vate della danza, aveva stressato Amelia, il braccio destro nel regno del terrore, con mille richieste insensate e alla fine Amelia aveva ceduto scrivendole un bigliettino durante l'ora di storia che recitava così:

"Mi hai rotto le palle."

Chiaro. Diretto.

Virginia l'aveva prima guardata da dietro la barricata diario-astuccio, riducendo gli occhi a due piccole fessure gialle, dopodiché aveva strappato il bigliettino che il suo compagno di banco le aveva diligentemente passato e lo aveva lasciato cadere sulla testa di quest'ultimo (così, per puro gusto).

In quel preciso istante mancavano quarantotto ore al loro debutto in palestra, ore che erano poi trascorse nel più totale silenzio da entrambe le parti.

Amelia era entrata in bagno poco prima dello spettacolo, le prove senza alcuna interruzione l'avevano sfiancata al punto da farle venire il mal di testa e il mal di tutti i muscoli delle sue gambe.

Solo una volta abbassate le mutandine si era accorta di una grossa macchia di sangue sul tessuto rosa.

Non sapeva cosa fare.

O meglio non sapeva cos'altro fare se non chiamare Virginia, che le aveva risposto dopo il primo squillo.

«Amelia?»

«Sei stata una stronza ma ho bisogno di te.»

«Ok. Dove sei?»

«In bagno.»

«In bagno?»

«Sì, e vorrei poterti dire che sto morendo dissanguata ma credo che in realtà sia solo il ciclo.»

«Arrivo subito, aspettami.»

«E dove dovrei andare?»

«Non lo so, era per dire.»

Virginia era entrata in bagno a constatare il danno, quindi era uscita e tornata nel giro di dieci minuti con un assorbente in mano e un ghigno disegnato sulla faccia.

«Eccolo, ma visto che ormai è troppo tardi per recuperare, butta quelle mutande e ti presto le mie.»

«Le tue?»

«Certo. Vedi un'altra soluzione? Per i pantaloni non c'è problema, tanto adesso devi metterti quelli per ballare.»

A quel punto, mentre ancora stava finendo la frase, Virginia si era tolta le mutande da sotto la gonna e gliele aveva lanciate.

«E tu come fai senza?»

Virginia aveva alzato le spalle con il labbro inferiore buttato in avanti.

«Sarà eccitante ballare sapendo di non avere le mutande...»

Amelia non l'aveva capita, come la maggior parte delle volte che Virginia blaterava ammiccando da un po' di tempo a quella parte, ma aveva annuito comunque, come faceva sempre. Anche se in realtà avrebbe voluto dire: "stare senza mutande non è eccitante, è semplicemente non igienico, almeno per gli standard occidentali" (era il periodo in cui ad Amelia piaceva inserire l'aggettivo occidentale alla fine di ogni frase per sembrare più intelligente della media, secondo gli standard occidentali [del resto è appurato che le medie siano il periodo più buio, il medioevo della vita di ogni persona]).

Lo scambio delle mutande aveva così sancito la pace e aperto la pista a tutta una serie di *ho bisogno di te* pronunciati negli snodi più critici della loro crescita.

Quando Amelia arrivò al bar, Virginia era già seduta al suo posto.

Aveva lasciato scivolare gli occhiali da sole sul naso per guardare meglio Amelia che camminava verso di lei, e alzando le sopracciglia aveva alzato anche le ginocchia, finendo in piedi come un fusto incinto.

«Mio Dio, cosa ti è successo?»

«Siediti. È tutto ok. Cioè non è tutto ok, ma i vestiti non c'entrano niente.»

«Amelia, è inverno!»

«È autunno.»

«Hai capito cosa voglio dire. Perché vai in giro in pantaloncini? Dei pantaloncini da uomo. E quello è un grosso taglio?»

«I pantaloncini non sono un problema, cioè fa molto freddo in motorino, e credo che alla fine di questa giornata la pelle d'oca diventerà permanente, ma non m'importa. Voglio solo che mi ascolti.»

«Sono qui.»

«Siediti.»

Virginia ubbidì. «Fammi però dire che mi dispiace per ieri,» disse a mo' di premessa «non avremmo dovuto dirti tutte quelle cose in quel modo.»

«Grazie.»

«Prego.»

«Ma avevate ragione, sono una stronza.»

«Non mi sembra di aver detto questo.»

«Si evinceva dal discorso.»

«Non mi pare.»

«Essere mie amiche non è facile perché sono una stronza.»

«Stravolgi il senso di un discorso.»
«Capisco il sottotesto.»
«Io non penso che tu sia una stronza.»
«Io sì.»
Virginia alzò gli occhiali da sole, abbandonandoseli sulla testa. Li aveva portati solo per darsi un tono, per il resto erano fuoriluogo tanto quanto i pantaloncini da basket di Amelia.
«Ho tradito Andrea.»
Virginia si passò una mano sulla bocca. «Wow.»
«È tutto quello che hai da dire?»
«No, non lo so, non so che dire.»
«Ho tradito Andrea con il mio collega Federico. Ieri sono scappata dal locale, da voi, e sono andata a casa sua.»
«Sei sparita, come diavolo hai fatto?»
«Il retro. Il graffio sulla gamba. Ma questa è un'altra storia.»
«Porti ancora i suoi pantaloncini! Ma scusa, perché non ti sei cambiata? Sei scappata anche da lì?»
«In un certo senso.»
«La mia voleva essere una battuta...»
Amelia annuì lentamente.
«E come è stato?»
«Bello.»
«Più bello?»
«Non ci ho fatto sesso.»
«Ah.»
«Ma è come se lo avessi fatto. Tradimento in piena regola.»
«Quindi ti piace?»
«Purtroppo sì, ma ho paura che se lo dico a voce alta la mia vita finirà in pezzi. Non farmelo ripetere.»
«Non sei una stronza.»
Amelia inclinò il viso dalla parte del sopracciglio alzato.
«Ok, sei stata una stronza. Hai fatto una cosa da stronza. Una. Questo non fa di te una vera stronza. Insomma ci sono dei livelli, cose così, no? Se fai tante cose accumuli punti e diventi una stronza in piena regola. Tu sei tipo una principiante.»
«Se le cose funzionano così, ieri ho preso un sacco di punti.»

«Forse.»

Amelia incerta portò le mani davanti alle labbra. «Questa notte, proprio questa notte mente io ero lì, felice con il telefono spento nella mia beata superficialità, una mia amica del parchetto ha avuto un infarto.»

«Oh, Amelia, mi dispiace tanto.»

Gli occhi le si riempirono di lacrime ferme, come uno strato di plexiglas.

«So che dirai di no, ma è stata colpa mia.»

«Be' sì, certo che dirò di no. Amelia, come puoi anche solo pensare una cosa simile?»

«Avevo il telefono spento, capisci, volevo fare quello che mi andava, per una volta. Senza regole. Una volta che non le ho seguite e *bam*.»

«Sentirti in colpa per aver tenuto il telefono spento è diverso dal sentirsi in colpa per un infarto, di cosa stiamo parlando?»

Due lacrime saettarono per il volto di Amelia.

«Non lo so. Per questo ho bisogno di te. Sei tu che mi sistemi le cose.»

«Tu le sistemi a me, io le sistemo a te.»

«Scusa se ho spento il telefono per non sentirti.»

«Me lo meritavo, ti avevo appena dato della stronza.»

«Allora lo vedi che avevo ragione io.»

«Tu hai sempre ragione, Ame, è per questo che a volte sono un po' invidiosa e straparlo.»

«Anche io a volte sono un po' invidiosa della tua vita perfetta.»

Virginia scoppiò a ridere e il suono della sua risata ricordò ad Amelia quanto tutto le fosse familiare. «Scusa, ma quale vita perfetta?»

«Potrei farti la stessa domanda, sai.»

«Nessuna delle due ha una vita perfetta, ok? Possiamo non litigare per queste cose?»

«Ok.»

«Croce sul cuore?»

«A volte parli ancora come una dodicenne, Virgi.»

«Croce sul cuore??»
«Posso dire di no?»
«Croce sul cuore???»
«Hai vinto. Croce sul cuore.»

«Finalmente s'è cambiata!»

«Sì, e sono anche passata a portare fuori tutti i vostri cani.»

«Lo hai fatto veramente?»

«Certo, altrimenti per quale motivo mi sarei presa le chiavi?»

«Sò stati boni?»

«Se, ar pollo co' 'e patate. Ma che domanne fai, Li'?»

«Ma statte 'n po' zitta.»

«Sì, sono stati bravi, forse perché erano un po' disorientati. Quando mi hanno visto hanno fatto una faccia strana.»

«Nah, quello è Gastone che c'ha 'r muso storto, dopo quell'accidente.»

«No, no, niente muso storto, erano confusi. Ma tranquille, una volta al parco si sono dimenticati tutto.»

«'Sti fiji de 'na mignotta 'nfame.»

«Semo noi 'e mignotte, to'o ricordo.»

«Ma magara, guarda, solo che dico 'a madre madre, 'a cagna.»

Amelia si distese sulla sedia imbottita.

«Mo' dovrebbe arivà pure Alberto co' Viola. Nun l'hai beccato ar parco?»

«No, ho sballato gli orari, non li ho visti. Ero con una mia amica, poi sono passata a casa, anche la signora Masi era confusa. Ma io ho provato a chiamarla, solo che non ha sentito il telefono squillare.»

«Quella è proprio rincojonita, ma io dico gne poteva pijà a lei l'infarto invece che a me?»

«A Mi', 'n se dice.»

«Io sò vecchia, sò autorizzata a dì quello che vojo, come i regazzini.»

«Vale solo se c'hai l'arzaimer o 'r pannolone.»

«No, vale se sei vecchia e basta, 'a gente te perdona.»

Era tornata a casa con l'intento di prendere le sue cose e portarle giù in cantina. Non si spiegava il modo in cui aveva procrastinato il suo ritorno nelle viscere del palazzo, alla fine il piccolo inconveniente del pavimento era ormai risolto. Quando però era entrata aveva trovato i genitori seduti a tavola.

«State già cenando?»

«Già? Su che fuso orario sei sintonizzata?»

Elena brandiva la forchetta in aria, con un pezzetto vibrante di insalata penzoloni. Amelia lanciò un'occhiata al telefono.

«Ok, sì, pensavo fossero le sette, ho perso la cognizione del tempo.»

«Non dovresti essere al lavoro?»

«Ti sei dimenticata di andare al lavoro?»

Le rispettive domande dei genitori si sovrapposero.

«No.»

«E allora perché sei qui?»

«Mi sono presa un giorno, niente drammi.»

«Per quale motivo ti saresti presa un giorno?»

«Oggi è stata una giornata molto impegnativa, posso andare in camera o devo continuare a rispondere all'interrogatorio?»

«Hai scritto l'articolo per il giornale?»

Devo rispondere all'interrogatorio, pensò Amelia.

«No.»

«Devi scrivere, dovresti fare solo quello. È importante.»

«Lo so, papà. Lo farò.»

«Non dovresti fare altro. Stai saltando anche il lavoro per fare cosa? Andare in cameretta?»

«Vorrei riportare giù le mie cose e dopo questa discussione mi sto pentendo di non averlo fatto prima.»

«Per favore, smettetela!» Elena alzò la voce, cosa che non era solita fare. Credeva che nel dire le cose, affinché arrivassero chiare, il volume fosse superfluo. C'era una certa gentilezza nel suo tono, dosata, studiata. Solo che, in quel momento, Amelia e Giulio, arroccati ognuno sulla propria posizione, non l'avrebbero colta.

«Sono solo entrata in casa per prendere le mie cose, continuate pure a mangiare.»

«Non si può nemmeno parlare?»

«Non state comunicando.»

«Elena, per favore.»

«Va bene, non dirò quello che penso, ma non insinuare che questa sia una discussione produttiva, perché, fidati, è molto, molto lontana dall'esserlo.»

«Pensavo che si fosse dimenticata di andare al lavoro, visto che non sapeva che ore fossero.»

Amelia, già diretta alla sua stanza, si voltò.

«Detto così sembra che io sia una specie di drogata che vive fuori dal mondo.»

«Non so se tu faccia o meno uso di stupefacenti, ma a volte sì, vivi fuori dal mondo. Come quando ci svegli di notte perché hai allagato la cantina e noi dobbiamo correre in tuo soccorso. Stai per fare trent'anni, non sei più una ragazzina.»

«Giulio, abbassiamo i toni.»

«No, mamma, stai tranquilla. Abbiamo capito che a papà dà fastidio darmi una mano quando sono in difficoltà.»

«Ma smettila. Vedi, Elena, anche le sue risposte sono da ragazzina.»

«Io adesso prendo le mie cose e me ne vado, e il prima possibile me ne vado proprio via, fuori dai piedi, fuori dalla tua cantina.»

«Amelia, dài, non diciamo cose di cui potremmo pentirci.»

«Mamma stai zitta, grazie.»

Elena alzò le mani in aria, i palmi aperti.

«Non possiamo parlare delle cose che non vuole sentirsi dire» disse Giulio guardando il piatto vuoto.

«Non possiamo parlare di cose che non hanno senso. Faccio ciò che devo.»

«Non ti vedo mai scrivere, eppure è quello che dovresti fare, o sbaglio?»

«Ci sto provando. Ci sto provando.» Amelia, senza alcuna inclinazione gentile nel tono, aveva alzato drasticamente la voce sulle loro teste. «Non faccio altro che provarci da quando mi hanno detto di scrivere quel maledetto articolo. Ma non sto di certo qui a dirlo a voi.»

«Lo sai tu, allora.»

«Sì, lo so solo io.»

Sulla linea di attacco Amelia aveva ceduto, sbattendo la porta, poi era uscita di casa senza nemmeno prendere le sue cose, rendendo ogni sforzo inutile.

«Perché non sei qui?»

«Non sono ancora guarita, no?»

Federico l'aveva chiamata mentre era intenta a fissare il soffitto.

«Certo, questo me lo aveva già detto Nina.»

La prospettiva dal suo pavimento rendeva lo spazio più ampio.

Rimase in silenzio.

«Sto venendo da te.»

«Cerca di non sbucciarti il ginocchio, non ho l'acqua ossigenata.»

Le pareti sembravano linee di fuga di cui lei era il perfetto centro nevralgico.

Non uscì dal guscio che si era meticolosamente costruita finché Federico non arrivò.

«Che stai facendo?» le disse riparato dai suoi lineamenti fermi, dietro i quali lei aveva colto il principio del suo incasinarsi.

«Niente.»

Lui si portò le mani ai capelli.

«Questa mattina sei andata via in quel modo, hai ignorato i miei messaggi, e poi non ti sei presentata al lavoro. Ho fatto qualcosa di sbagliato? Se sì mi dispiace. Se ti sei pentita, possiamo fare finta di niente.»

«Non possiamo fare finta che non sia successo niente. Potevamo farlo prima, ma ora non più.»

Federico non disse nulla, si limitò a guardarla, stretta tra le spalle curve.

«Non hai fatto niente di sbagliato.» Amelia voleva toccarlo e non lo fece. «Questa mattina sono corsa via in quel modo perché una persona a cui voglio molto bene è finita in ospedale.»

Federico spalancò gli occhi e Amelia pensò alle teorie sui buchi neri nell'universo, proprio nessuna le lasciava scampo, lui infatti le afferrò i polsi sottili, che, istintivamente, le si ripiegarono come carta su carta.

«Mi dispiace. Non ne avevo idea. Scusami. Come sta ora? Come stai tu? Sono un cretino, ho pensato che tutto dipendesse da me, come se io fossi il centro del mondo. Sono un coglione.»

«Sta bene.» Amelia sorrise. «E io sto bene. Tranquillo.»

Lui allentò la presa e iniziò a risalire con le dita, accarezzandola, poi sussurrò:

«Nina finirà per licenziare entrambi.»

«Licenzierà te, io ho bisogno più che mai di quel lavoro.»

Facendo leva sull'avambraccio Amelia lo avvicinò a sé. Guardarlo da quella distanza recuperata equivaleva a pensare che niente fosse più in ordine del caos che avevano contribuire a creare.

Il profumo dolce menta che riequilibrava gli animi.

«Ok, le dirò che non serve sacrificare due pedine, può prendere me se vuole.»

«Un gesto eroico da parte tua.»

Risero entrambi sfiorandosi i nasi.

«Non posso baciarti ora, lo sai.»

«Ah no?»

«Devo prima sistemare delle cose. Ieri tu non hai sbagliato, ma io sì. E per quanto vorrei dimenticarmi di tutto, non posso. Non ancora perlomeno.»

«Comunque non volevo baciarti.»

«Ah no?»

«No. Per niente. Volevo solo strofinare il naso contro il tuo.»

«Anche tu mi piaci, comunque. Anche tu mi piaci più di qualsiasi persona mi sia mai piaciuta.»

Amelia arricciò le labbra, Federico sorrise.

«Non ci credo di averti detto una frase così banale.»

«Quando siamo felici diciamo un sacco di frasi banali. Però è vero.»

«Cosa?»

«Che mi piaci più di qualsiasi persona mi sia mai piaciuta.»

Amelia affondò il viso sul suo petto e lui le passò le dita tra i capelli, poi socchiuse gli occhi appagato dalla certezza: lei non aveva mai smesso di profumare come una nuvola di zucchero a velo, dopo tutto quel tempo.

-1

~~*Era il 1992.*~~

~~*È il 1992.*~~

~~*Era il 1992 quando*~~

~~*La Ever Laurel era un nave cargo.*~~

~~*Nel 1992 la*~~

«Stai già qua?»

Amelia guardò le coperte che avvolgevano Milvia: sembravano tanto pesanti da immobilizzarla.

«Non avevo nessun altro posto dove andare.»

«Allora non stai messa tanto bene, regazzi'.»

Amelia annuì, un sorriso sbiadito incollato sul volto.

«Be', come poi ben vedé sei 'a prima, perfino qua'a sciamannata de mi' sorella 'n s'è presentata.»

«Ti farò compagnia finché non arriva.»

«E poi me lasci sola co' quella? 'Nnamo bene.»

«È tua sorella, mica mia.»

«E che ce potemo fà, quella m'è toccata.»

Milvia rise riempiendo la stanza. Entrambe lasciarono che quel suono aleggiasse ancora un po' tra di loro. Amelia si voltò verso la finestra, tutto ciò che stava oltre il vetro le appariva lontano e di poca rilevanza, non stava guardando nulla, a malapena distingueva i colori.

«Famme capì, chi è che delle due deve aiutà l'artra?»

«Non lo so mica.»

Amelia aveva paura che il filo della sua voce finisse per spezzarsi.

«Te poteva annà peggio, guarda 'e cose in prospettiva, te poteva pijà 'n infarto.»

«Scusa, scusa, sono pessima.»

Ora muoveva in fretta le mani davanti alla smorfia che le piegava i lineamenti.

«Stavo a scherzà, nun t'agità, 'o sai come sò, me piace pijà pe' 'r culo.»

«No. Hai ragione. Non ho scuse.»

«Se pò esse tristi eh, nun è che bisogna chiede scusa.»

Milvia passò le mani sulla trapunta come per farsela aderire ancor di più sulle gambe, e Amelia si chiese se quella fosse la prima volta che la vedeva senza smalto.

«Famo così, se me racconti ch'è successo te perdono.»

«Non hai detto che non ti dovevo delle scuse?»

«C'ho ripensato.»

Amelia inclinò il viso arricciando le labbra color pesca.

«C'ho avuto 'n infarto.»

«Stai veramente giocando la carta dell'infarto?»

«Dici?»

«Va bene...» Amelia avviluppò il mento in una mano, stringendo appena. «Ho deciso di lasciare Andrea. Ma non è facile. Mi fa paura cancellare gli anni, e quello che succederà. Anche se so che è la cosa giusta da fare. Siamo stati molto felici. Lo siamo stati.»

«Pensavo nun lo capissi mai, c'hai messo 'n po' a dì 'a verità. Alberto era quello che te dava più fiducia.»

«Avete fatto delle scommesse?»

«C'è mancato poco.»

Amelia fece un gesto con la mano, che voleva inequivocabilmente dire "ma smettila!".

«Pensi che 'n sò capace?»

«Non ti sottovaluterei mai.»

Milvia gonfiò e sgonfiò le guance.

«Stai a fà 'a cosa giusta.»

«Lo so. Potrebbe fare meno male?»

«No.»

«Non mi parlerà più.»

«Se è svejo no.»

«Non ci riesco a pensare che non saprò più come starà.»

«Eh, e starà bene, sempre a casa co' mamma e papà.»

«Non lo prendere in giro.»
«Qua 'n se sarva nessuno, 'o sai.»
«Lo so bene.» Amelia sbuffò rumorosamente, gli occhi iniziarono a bruciarle come fossero pieni di sale.
«È una parte importante della mia vita. Come faccio?»
«Regazzi', 'o stai a fà pure pe' lui.»
«Infatti sono sicura che se ne farà prima una ragione lui che io. Io non sono tanto capace a tagliar fuori le cose. Lui ce la farà. E quando mi taglierà?»
«Farà ancora più male.»
«Più male di così?»
«Ce poi giurà.»
«Cazzo.»
«Ma poi se continua a vive. 'N po' come dopo 'n infarto.»
«Sarà un lutto. Imparare a vivere con la sua assenza.»
Milvia annuì. Il cuore di Amelia si era rincantucciato nelle profondità del suo petto, come un piccolo livido interno.
«Dài, magari quanno je passa ogni tanto se farà sentì.»
«Lo spero. Adesso non riesco a pensare ad altro. È una sensazione strana, sapere di non poter essere felice né con lui, né senza di lui. Sono fregata.»
«Regazzi', sarai felice, da' retta a me.»
«Sono una vigliacca, sai? Ho trovato la forza di farlo solo perché voglio stare con un altro.»
«Semo tutti 'n po' stronzi a 'sto monno.»
«Il fatto di non essere né la prima né l'ultima non mi fa sentire meglio.»
Milvia alzò le spalle nel letto. «A vorte serve solo 'na spintarella, l'universo se sarà rotto li cojoni de vedette fà ire e òre.»
«Non mi chiedi chi è?»
«A bella, c'ho avuto 'n infarto mica me sò rincojonita der tutto, eh.»
Amelia si asciugò una lacrima con il dorso della mano, stava ridendo ed emetteva un suono minuscolo, come quello di un topolino in un film per bambini.
«Si chiama Federico.»

«Ma va'? E niente niente lavora co' te?»
«Forse.»
«Forse.»
Risero entrambe.
«Non pensavo di poter essere così stronza, sai? Pensavo di essere un altro tipo di persona.»
«Nun semo mai 'n solo tipo de persona.»
«Sarebbe molto più facile se questo fosse una specie di telefilm americano stereotipato per adolescenti, in cui i personaggi hanno un'unica caratteristica che guida tutte le loro azioni.»
«Nun so de che stai a parlà, 'n te sto a seguì.»
«Lascia perdere, non è importante.»
«Vabbè. Cambiamo discorso. 'A cosa su'e papere l'hai scritta?»
«Cambiamo discorso?»
Amelia si abbandonò allo schienale, Milvia scosse la testa per quanto le era possibile.
«Te devi decide, 'a devi scrive!»
«Giuro che ne sono cosciente.»
«Nun me pare.»
«Sono stata un po' occupata negli ultimi giorni», e la indicò distrattamente.
«Oh, non vorrai scaricà 'a corpa su de me, eh.»
«Sto scherzando. Sono successe molte cose.»
«E nun te va de scrivelo.»
«Più che altro non riesco a trovarne il senso.»
«E che aspetti, regazzi'? Che te piova dall'alto?»
«In un certo senso...»
«Annamo bene, annamo proprio bene.»
Amelia si prese la testa tra le mani, abbassò lo sguardo.
«Troverò un modo. Devo trovarlo.»
In quel momento, alla fine della frase, la porta si aprì.
«C'è 'na festa in corso e nun sò stata invitata?»
«Effettivamente, se fosse 'na festa, Li', mica 'o so se t'avrei invitata.»
«Ciao Lidia» disse Amelia. «Non c'è festa senza di te.»

Milvia alzò il braccio libero dai tubi. «Ma come devo fà co' voi due, siete 'n disastro, nun ve posso né venne né impegnà.»

«T'è toccata 'sta croce, ma fidate che la nostra nun è più leggera pe' 'n cazzo.» Lidia strizzò l'occhio ad Amelia e Amelia rispose con una smorfia.

«'N fate comunella che ve caccio, eh.»

«E poi chi pii pe' 'r culo?»

«Le infermiere, che armeno stanno zitte.»

«Guarda che sò loro zitte zitte che riempiono que'e sacchette che te pendono eh, sta' attenta co' qua'a linguaccia biforcuta.»

«Nun m'ha ammazzato 'n infarto, figurate qualcuno che ne'a vita n'è riuscito nemmeno a diventà dottore.»

«Tipo questo lo ometterei davanti a loro...» Amelia si sporse sulla sedia. «Non glielo hai già detto, vero?»

«Forse. Non mo'o ricordo. Comunque 'o sanno tutti, 'o sanno pure loro.»

«Va bene, ma tu non mettere il dito nella piaga. Evita.»

«A regazzi', sei più noiosa de quest'artra.»

«Ci tengo alla tua salute.»

«E però che palle.»

«La mia vita non è in mano a persone che non sono riuscite a diventare medici.»

«E riesci a rompe i cojoni 'o stesso, pensa 'n po'.»

Camminava nella luce pallida di quella mattina, e le sfumature di giallo dei palazzi di via Topino le sembrarono tutt'a un tratto troppo tiepide per sorreggere il peso della città. Le foglie ormai secche che spuntavano dalle ringhiere si spezzavano contro il cappotto al suo passaggio, i frammenti rigidi rimanevano poi impigliati nel tessuto lanuginoso come code di scheggia trascinate nella corrente. Amelia continuava dritta per la sua strada, a filo dei portoni, inciampando con i gomiti tra i rami, senza una direzione che potesse non esaurirsi nella camminata stessa. Si stava riprendendo quel tempo che non aveva per sostare indifesa al limitare dei suoi pensieri, per caderci un passo avanti all'altro, e trovare poi una via sicura, da cui poter uscire. Avrebbe dovuto chiamare Andrea, spiegargli la situazione, e lo avrebbe fatto, ma prima voleva avere uno spazio in cui illudersi nella possibilità infinita del non ancora accaduto, dilatare i momenti di quel "pre" in cui le cose ancora non avevano i contorni definiti e il sapore definitivo dell'inevitabile. Anni di relazione, anni di investimento emotivo, anni di progetti a venire.

Poteva concedersi ancora un po' di camminare per vie sconnesse, e fingere di non aver deciso di distruggerli, quegli anni, un sampietrino contro l'altro.

Quando finisce qualcosa, pensava, quando finisce qualcosa noi non finiamo con lei.

Aveva perfino deciso di poterci credere un po', a quei pensieri costruiti, avrebbe rimandato la nausea a un secondo momento, avrebbe rimandato la tristezza, convinta che a un certo punto sarebbe stata troppa, e impossibile da gestire.

E, mentre si muoveva aggrappata a se stessa, pensava non ad Andrea ma al concetto di Andrea, come fosse stato un'idea, un'opzione, perché rivedere il suo viso, ricostruirlo nella propria testa e dargli una voce, la spezzava come una qualsiasi foglia sbriciolata nell'autunno di Roma.

Stava lì, ~~a decidere~~, a far finta di non aver ancora deciso una fine.

È che con le fini bisogna sapercisi relazionare, Amelia lo sapeva questo, così come era certa di non esserne in grado: esistono vari tipi di persone al mondo e Amelia non era mai stata una di quelle in grado di mettere il punto a chiusura di un capitolo.

Aveva ignorato le mancanze di Andrea nei suoi confronti, e quelle con il passare del tempo non erano migliorate, anzi. Aveva sorvolato sulle loro visioni, troppo discordanti, riguardo ai figli, accontentandosi delle proprie fantasie. Aveva accettato la sua totale mancanza di forza di volontà, la sua tenace resistenza all'indipendenza, quell'attaccamento alla sua casa, ai suoi genitori, alle sue poesie che non sarebbero mai riuscite a ribaltare nessuna situazione.

Continui compromessi. Ma i compromessi vanno bene fino a quando non rallentano la tua vita.

L'attimo dopo si sentiva in colpa a pensare queste cose, si sentiva cattiva, marcia fino alla radice dei suoi lunghi capelli di seta bionda.

~~I compromessi vanno bene fino a quando non rallentano la tua vita.~~

Non si capivano più, tutto qua. Le persone cambiano, oppure no, non è vero: rimangono sempre le stesse, solo che a un certo punto ti accorgi di cose che non avevi mai preso in considerazione prima. Nessuno rallentava nessuno, perlomeno non di proposito, in quel caso specifico. Andrea non era cattivo, non lo era mai stato, neanche quando lei aveva la febbre e lui non le chiedeva "come stai"; era solo disattento, immaturo.

Lei, invece. Lei era cattiva. Matura da sempre, attenta da sempre, ma cattiva, prima nel tradire e poi nell'incolpare chi aveva tradito nelle stanze della propria mente.

Semplicemente sembrava che le cose avessero preso forma da sole e lei le avesse ignorate seppur guardandole da vicino. La sua relazione, loro due. Si era assuefatta alla distorsione inconciliabile del loro rapporto, a tutti quegli angoli che non coincidevano più, agli incastri forzati.

Ora doveva muoversi per rimediare a tutte le volte che non lo aveva nemmeno contemplato, che si era permessa di far scivolare la sua vita con noncuranza. Ammetterlo, per lei che odiava i ritardi nel suo ordine generale di mondo, le costava più di quanto fosse disposta a sopportare.

Tutti non avevano fatto altro che ripeterle quanto fosse brava, perfetta in ogni cosa: non avevano la minima idea di quanto in realtà si sbagliassero.

Era stato un bluff, lei era un bluff.

Amelia si passò una mano sulla fronte, era fredda. Non sapeva se fosse la fronte a esser fredda o il palmo tremante della sua mano, non le importava, apprendeva e annotava il dato di fatto: il freddo.

Come l'aria di Roma, come la patina sulla luce spalmata sui palazzi d'epoca.

Come la linfa nei rami che si piegavano al vento.
Come i semafori sempre rossi alla sua sinistra.
Non riusciva nemmeno a cogliere la bellezza ferma e ingombrante della città assopita, perché si spostava e al contempo spostava da lei tutto ciò che non la comprendesse nel suo vuoto acceso.
Ascoltava il preludio della paura prender fiato nel diaframma stretto, e così si sentiva stremata. Arresa al suo corpo minuto che a stento tratteneva l'incombere dei pensieri, sempre più manifesti.
Non sapeva cosa fare e non smetteva di camminare per rallentare un processo già in atto, non esisteva un "pre", non esisteva un "post", esisteva solo il dolore. Dolore ovunque.
Amelia alzò la testa e solo allora si accorse, si guardò intorno.
Tirò fuori dalla borsa il cellulare, aprì il navigatore.
Si era persa.

Andrea fece scattare la sicura, un clic, Amelia salì in macchina schiarendosi la voce.
«Ciao» disse lei piano, mentre celava delle scuse fin troppo evidenti.
«Ciao» rispose cauto lui, che forse lo aveva intuito.
«Che è successo? Dal messaggio sembrava urgente.»
Amelia annuì in silenzio, si sentiva vuota e sola, e ancora più vuota.
«Allora? Dimmi.»
«Non è facile.»
«Niente è mai facile con te.»
«È questo quello che pensi?»
Lui serrò le labbra. Amelia notò solo allora che si era tagliato la barba e che sul mento rimanevano due piccoli puntini rossi.
«Sì, lo penso.»
Lei scosse appena la testa, aveva i capelli immobili, raccolti. «Hai ragione, sai?»

«Sì, a volte anche io ho ragione.»

Amelia emise il suono d'un accenno di sorriso, un sibilo triste, un piccolo sbuffo. «Sai, io non so bene come iniziare, non so bene cosa dire, non credo di sapere nulla in questo momento, è come se qualcosa dentro di me mi premesse sul cuore...»

Andrea distolse lo sguardo. Amelia chiuse gli occhi e li riaprì subito dopo. «Io... io non ce la faccio più così.» Quando prese l'aria per la parola successiva sentì il sale delle lacrime insinuarsi tra le pieghe delle labbra asciutte. «Io non sto bene. Io credo che... non vorrei, ma credo che dovremmo finirla. Non ce la faccio più.»

Non si guardavano. Entrambi sentivano il respiro di Amelia riempire la macchina, rubargli lo spazio.

«Ho capito. Le cose non vanno più bene da un po'. Lo sapevamo entrambi. L'abbiamo tirata per le lunghe. E non è giusto» Andrea rispose monocorde. Le sue parole si scontrarono a mezz'aria con i singhiozzi di Amelia.

«Fa male. Ti giuro, fa male» disse lei.

«Lo so.»

«Sembra di morire.»

«Ma non si muore.» Silenzio. «Dài, non piangere.» Andrea le sfiorò una guancia per poi posarle di nuovo la mano sulla gamba, Amelia gli aveva detto più volte che quei jeans non le piacevano.

«Non vorrei piangere ma non so in che altro modo reagire.»

Lui questa volta non rispose, forse non era l'unica a non saperlo.

«Ma possibile che a te non freghi un cazzo?»

«Certo che mi frega.»

«Non sembra.»

«Io reagisco in maniera diversa.»

«Se uno soffre piange.»

«Tua madre non ti ha insegnato nulla, eh.»

«Io non posso pensare di non averti più nella mia vita.»

«Evidentemente puoi pensarlo.»

«Vaffanculo.»

«Io ti amo ma so, Amelia, lo so, che non possiamo più stare insieme. Praticamente amo quella strana idea che ho di te.»

«Ho capito. Forse è ciò che è rimasto a entrambi, ma questo non m'impedisce di sentirmi come se mi avessero pugnalata in gola.»

«Il mio dolore fa meno rumore ma non per questo è meno forte. Io so che deve andare così. Tu vuoi altro, io voglio altro.»

«Tu non combatti mai.»

«Io ho le mie cose a cui tengo, ma per te non sono importanti.»

«E io non rientro tra queste.»

«Non dire cazzate.»

«E invece è così, vaffanculo.»

«Sai che ti dico, forse hai ragione. Io non voglio stare con una che mi mette pressione per ogni cosa che faccio o penso di fare. Voglio che le cose che per me sono davvero importanti vengano prima dei tuoi figli immaginari. Non voglio qualcuno che si piange addosso per ogni cosa, per il lavoro, per la fantastica vita dei suoi amici, per i suoi fallimenti continui. Forse sì, senza rendermene conto ho desiderato una ragazza diversa da te.»

«Sei uno stronzo! Come fai a dirmi queste cose?»

«Non lo so, scusami, è stato un eccesso di verità.»

«Come puoi...» Amelia, che si era sentita il cuore fratturarsi nel mezzo, si asciugò le lacrime strofinandosi gli occhi con il dorso della mano, il dolore era diventato così insopportabile che non desiderava altro che affogare lontano da quei sedili in pelle di merda.

«Ti prego, non pensare che non mi mancherai» disse Andrea, la voce un po' rotta.

«Non so come, ma mi mancherai anche tu.» Amelia alzò gli occhi. «Quello che mi hai appena detto...»

«Scusa. Sono confuso. Sono ferito. Lascia perdere.»

«Non posso.»

«Tu non sai proprio lasciar perdere.»

«Mi sento una scema.»

«Non dovresti.»

«Ora non voglio vederti.»
«Ok.»
«Ok? Veramente? Ok?»
«Se non vuoi vedermi, non so proprio cosa dovrei dirti.»
«Stammi bene Andre, buona vita.»
«Ame...»
Amelia aprì e richiuse la portiera dietro di sé, e, senza voler capire perché, ricominciò a piangere come se, in silenzio, chiusa nel dolore che era convinta essere l'unica a percepire, non avesse mai smesso di farlo.

«Che brutta faccia, regazzi'.»
«Facevamo bene a preoccupacce, qua.»
Amelia li guardava, tutti riuniti nella camera d'ospedale, e quel luogo le sembrò perfetto, evocativo.
«Amelia, tesoro, che è successo?» Alberto.
«T'ha magnato 'a lingua er gatto?» Lidia.
«A Li', e statte zitta, ma che nun la vedi come sta?» Milvia.
«Amelia, vieni, mettiti seduta.»
«Sì, Alberto, falla sedere qui.» Viola.
«Che è 'na ragazzina, Vio', che 'a fà sedé Alberto?»
«La chiamate di continuo *regazzi'*, o sbaglio?»
«Nun me sembra questo 'r momento de fà 'a so tutto io.»
A volte a salvarti è proprio chi sai che ti salverà.
«Statte zitta, Li'.»
«Sì, Lidia, non è il momento. Anzi state zitte tutte.»
«È arrivato 'r capo.»
«A Mi', poi dici a me, eh, te 'nvece fischi.»
«Vi prego, non voglio fare il capo, ma non discutete ora.»
«Amelia, bambolina, vieni, dicci cosa ti è capitato.»
Amelia li guardò, tutti riuniti nella camera d'ospedale, quel luogo che capì essere perfetto, evocativo o meno, finalmente imbevuto di uno strano silenzio, poi disse, in un pianto sommesso:
«Scusate, ma mi sento morire.»
«Oh, sembra quello che ho detto appena m'hanno portato

qua dentro, tranquilla, nun è niente, passa. Vie' qua, mettete seduta e dicce tutto.»

Amelia deglutì, poi disse tutto tra i singhiozzi.

«Sono passata a prenderla non appena ci hai chiamate.»

Virginia e Beatrice entrarono in ~~cantina~~ casa.

Erano visibilmente agitate e si scambiavano sguardi che Amelia non aveva alcuna difficoltà a interpretare.

«Non dovevate venire subito, mi dispiace avervi fatto precipitare.»

«Smettila» disse Beatrice. «Non è che dovevamo, volevamo. Tranquilla.»

«Allora, come stai?» chiese Virginia conoscendo già la risposta, Amelia infatti non disse nulla.

«Una merda eh? Ok. Ora ci siamo noi. Vuoi un po' di gelato?»

Amelia sorrise.

«Ma è quasi Natale.»

«Lo so, lo sappiamo. Ma è il tuo preferito e poi di solito nei film fanno così, no?»

«Nei film che guardi te, forse.»

«Lo vuoi o no?»

«Un po', grazie del pensiero.»

Beatrice si sedette al tavolo e le altre la imitarono, poi, dopo essersi schiarita la gola, disse: «Andrà meglio, vedrai».

«Be', peggio di così la vedo dura.»

«Noi ci siamo per qualsiasi cosa, lo sai.»

«Domani compio trent'anni.» Amelia posò la fronte sul piano di legno. «Anzi, mi correggo, tra poche ore compio trent'anni e sto di merda. Voglio morire.»

«Non fare la tragica come tuo solito.»

«Certo, Virgi, anche Andrea l'ha detto, non faccio altro che piangermi addosso, che schifo.»

«Che se ne andasse a fanculo. Quello è un coglione.»

«Potevi dirmelo prima, ci sono stata cinque anni.»

«Potresti alzare la testa dal tavolo?»

«Cinque anni buttati nel cesso.»

«Che dici, alzerà prima o poi la testa dal tavolo o devo prenderla per i capelli?»

«Credo che dovremmo prenderla per quei fantastici capelli lunghi che le abbiamo sempre invidiato.»

Amelia alzò una mano sopra la sua testa. «Grazie, Bea.»

«Prego tesoro, ti sentirai pure una merda ma i tuoi capelli sono sempre bellissimi.»

«Dillo al mio funerale.»

«Non ci sarà nessun funerale, smettila di...»

«Di?»

«...»

«Di?»

«Niente!»

«Di piangerti addosso, stavi dicendo smettila di piangerti addosso.»

«Solo perché lo hai detto tu un minuto fa e mi è rimasta la frase in testa. Sono incinta, ok?»

«E che cosa c'entra?»

«Ho il cervello di una incinta, che non è il massimo, te lo assicuro, ti dico solo che piango anche quando vedo uno stupido video di gattini.»

«Pensa, c'è qualcuno che questo privilegio non lo avrà mai.»

«E chi?» chiese allora Beatrice.

«Lei, no? Sta parlando di lei, non è ovvio?»

«Nessuno vorrebbe un figlio con una che sa solo piangersi addosso.»

«Io lo vorrei, un figlio da te.»

A questo punto probabilmente Virginia guardò Beatrice, possiamo immaginare il suo viso contrariato, con quel labbro inferiore sempre un po' fuori dal mento, perché quest'ultima continuò: «Cosa? Perché, tu no? Insomma lei ha dei geni da paura».

«Se con paura intendi spavento, sono d'accordo anche io.»

«No, non intendo spavento. Sarebbe un bambino intelligente, con gli occhi grandi, le labbra a cuoricino e un nasino da bambino.»

«Voglio farti notare due cose.»
«Dimmi, Ame.»
«Hai menzionato tutte caratteristiche che con l'intelligenza hanno poco a che fare, e inoltre credo che tutti i bambini abbiano un naso da bambino, sai?»
«Si vede che non hai mai visto il figlio di mia cugina.»
«Il gelato è pronto, ora puoi alzare la testa di cazzo che ti ritrovi?»
«Per il gelato faccio lo sforzo di alzarla, ok? Tanto ora a chi importa se divento grassa...» Amelia guardò le sue amiche prima che potessero dire qualsiasi cosa. «Nessuna dica niente sul mio fisico, chiaro?»
«Chiaro.»
«Non diremo che hai un metabolismo da adolescente californiana in gita in Europa che viene fermata da un talent scout mentre mangia un frozen yogurt ai piedi della torre Eiffel.»
«Bea sei veramente accurata, sai, secondo me dovresti fare tipo la storyteller o qualcosa del genere.»
«Fico, adesso mi licenzio, dico in studio trovatevi un'altra segretaria e vado a fare la storyteller. Secondo te le storyteller possono permettersi una casa in questo quartiere?»
«Non credo.»
«Allora passo, grazie comunque della dritta.»
Amelia iniziò in silenzio a mangiare il suo gelato, doppia panna e tre tipi diversi di cioccolato.
«Domani sera tieniti libera, ok?»
«Ho preso un giorno di riposo per non sentire nessuno e restarmene a casa.»
«Be', dovrai rimandare i tuoi piani perché noi tre domani usciamo.»
«Vorrai dire voi due.»
«No, no, voleva dire proprio noi tre» disse allora Beatrice dandole un colpetto sulla mano che reggeva a fatica il cucchiaio.
«Non sono dell'umore.»
«Trent'anni si compiono una sola volta nella vita.»
«Sì, così come i ventinove o i ventotto o i...»

«Abbiamo capito, grazie. Ma tu esci lo stesso. Ti prenderò con la forza, se sarò costretta.»

«Con quella pancia?»

«Il ginecologo dice che rientro perfettamente nella curva.»

«Ah, allora.»

«Non vogliamo sentire scuse.»

«Poi mi lascerete in pace?»

«Sì, il giorno dopo sarai totalmente invisibile ai nostri occhi.»

«Affare fatto.»

«Non avevi molta scelta.»

«Bea, ti ho risparmiato il tirarmi fuori da questo buco con la forza, perché sai che sarebbe toccato a te, no? Che la signorina perfettamente in curva non lo avrebbe fatto veramente.»

«Ho preso quattro chili e settecentocinquanta grammi.»

«Meriteresti un premio.»

Virginia senza rispondere mostrò la coppa di gelato.

«Questo è il mio di premio, premio di consolazione per essere stata un'idiota.»

«Non ve li litigate, ci sono premi per tutte. Sono io quella che non dovrebbe mangiarlo se vuole entrare nel vestito da sposa.»

«Ti prego, non me lo ricordare.»

Virginia fulminò Beatrice, che mordendosi le labbra aggiunse:

«Scusami, Ame.»

«Una si sposa, una è perfettamente magra mentre sta per dare alla luce una figlia, wow, volete ripetermi che vita perfetta faccio?»

«Scusaci anche per quello» continuò Beatrice. «Non volevamo ferirti, non dovevamo dire quelle cose. Siamo state stupide e superficiali.»

«Ok, tranquille, va bene così. Non vi chiederò di fustigarvi.»

«Ma lo faremmo se ce lo chiedessi. È così che funziona, no?» Le guance di Bea si erano leggermente arrossate e i suoi occhi a mezzaluna sembravano esser fatti della stessa pasta delle sue scuse.

«Certo. Siete le migliori amiche che potessi chiedere.»

«Non hai bisogno di quello stupido scansafatiche, ci siamo

io e Virgi. E la bambina di Virgi che tra poco entrerà nel club. Dovremmo fare solo figlie femmine, ora che ci penso.»

«Tutti in segreto desiderano figlie femmine, nessuno vuole quei rompicazzo, ve lo assicuro. Anche Gabriele ha tirato un sospiro di sollievo quando ha scoperto il sesso, alla festa.»

«Con quei vestitini noiosi, per non parlare dei giocattoli. Se avessi un maschio gli comprerei comunque sempre e solo principesse. D'altronde è giusto che anche i bambini giochino con tutto, basta ghettizzarli e ammorbarli con quei trenini di merda.»

Amelia aprì le mani verso l'alto per accogliere consensi.

«Pienamente d'accordo» rispose pronta Beatrice.

«Potete giurarci» sospirò Virginia passandosi le mani sulla pancia.

Amelia guardò entrambe, e per un fugace momento sentì di non aver voglia di piangere fino alla morte.

«Grazie per essere venute in mio soccorso.»

Le altre sorrisero e annuirono.

«Non ci devi mica ringraziare.»

«Tu avresti fatto lo stesso per me o per Bea.»

«Probabilmente.» Amelia inclinò la testa e accennò quella che poteva facilmente essere confusa per una smorfia sorridente.

0

«Posso aprirli ora?»

«No! 'N ce provà, eh.»

«Saranno passati dieci minuti.»

«A regazzi', qua l'aiutanti sò vecchi e lenti, ma questo offre 'r convento, mica c'avemo l'erfi de Babbo Natale.» Milvia probabilmente girò la testa perché non era più rivolta a lei, ad Amelia fu facile capirlo dal tono della voce. «Sò lenti!» urlò.

«E viecce a dà 'na mano te allora, invece de cordinacce dar letto co qua'a boccaccia.»

«Sò 'nfartata io. Ma avrei fatto più 'n fretta comunque.»

«Ma statte bona, va'.»

«Ma cosa state combinando? Non c'era bisogno di fare nulla.»

Amelia era stata fatta sedere sulla sedia accanto al letto di Milvia, e le era stato intimato di tenere gli occhi chiusi. Sette minuti prima.

«Amelia, tranquilla, abbiamo quasi finito.»

«Ok, Albe, mi fido di te.»

«E de noi no?»

«Non intendevo questo.»

«Se, se, dài semo pronti, apri l'occhi, va'.»

Amelia tolse finalmente le mani dal viso.

Sorrise nel vedere la stanza dell'ospedale agghindata a festa.

C'erano fili di bandierine colorate appese, palloncini a

forma di trenta, pasticcini, una torta gigante con la foto dei loro cani e per finire ognuno di loro indossava un cappellino.

«Se l'ho messo io, devi mettelo pure te» borbottò Milvia.

«È bellissimo. È tutto bellissimo. Grazie. Non dovevate.»

«Sì, ok, ora metti 'sto cappello però, 'n fà 'a vaga.»

Amelia si avvicinò e le butto le braccia al collo. «Grazie.»

«Quarcuno le infili quer coso, prima che me strozza, grazie.»

Amelia iniziò a tempestarle le guance di rapidi baci, ridendo.

«Nun m'ha ammazzato 'n infarto e ora ce pensa lei.»

«E grazie anche a voi, veramente, dico.» Amelia si avvicinò agli altri e li abbracciò uno per uno.

«Quanto miele, regazzi'» commentò Milvia.

«Vieni, metti questo» disse Viola.

«Il tuo è il più bello.»

Il cappellino era rosa metallizzato e al centro era stampato un unicorno che volteggiava su una nuvola glitter a forma di trenta.

«Wow.»

«Lo abbiamo preso su amazòn.»

«Lo avete ordinato su internet?»

Viola annuì.

«Ne è molto fiera, 'n fa artro che ripetelo, 'o dice a chiunque je capiti sotto tiro.»

Lidia si sistemò il suo cercando di non rovinare la piega dei capelli. Era blu, inondato da stelline d'oro, decisamente più sobrio.

«Vabbè mangiamo qualcosa?»

«Portateme 'n pasticcino pure a me, nun lo dico a nessuno.»

«Uno che sia uno, eh.»

«O sennò 'a faccia de Gastone su 'a torta.»

«A bella, è già prenotata.»

«Tacci tua.»

«Che so sempre pure li tua.»

«Eh, altrimenti nun me permetterei mai, no?»

«A te te do Penelope.»

«Perché è stronza?»

«'N po'.»

«Non dovremmo chiedere al dottore se puoi mangiare la torta?» si azzardò a chiedere Amelia.

«C'ho quasi ottant'anni, 'o saprò io che posso magnà, no?»

«Non credo, magari vado a chiederglielo.»

«Lascia stà, portame solo 'n pasticcino, o volemo fà 'na carta bollata pure pe' questo?»

«Ecco, tieni.» Viola andò verso Milvia con un tovagliolino tra le mani.

«'Sto coso?»

«È quello più dietetico.»

«Ma che è? 'N biscotto? Santo Dio, Vio'.» Milvia guardò tutti, non incuteva molto timore con il cappellino che le era toccato. «'N vedo l'ora d'uscì da 'sta prigione.»

«Er dottore t'ha dato 'a dieta pure pe' dopo, 'n te crede.»

«'N incubo. Godite 'sti trent'anni, regazzi', che poi nun ritornano mica.»

Amelia inclinò il viso, sorrise. Aveva trent'anni, ora era ufficiale. Era scritto ovunque intorno a lei, perfino sulle teste dei suoi amici.

«Trent'anni.» Lo disse ad alta voce. Ché le cose quando le dici ad alta voce prendono forma e diventano vere sul serio.

«Sì, trent'anni, non sei più una ragazzina.»

«Dillo a 'ste due.»

«Ah, per me rimane sempre 'na regazzina.»

«Quando ne farà cinquanta ne riparlamo, Albe', per ora è regazzina, è regazzina.»

«Spengo le candeline?»

«E certo, no? Che volemo fà? Se dovemo pure sbrigà, prima che ariva er medico.»

«Non avete chiesto il permesso?»

«Secondo te?»

«Ok, diamoci una mossa allora, prima che ci caccino.»

«Ma chi ce caccia, mica ponno mette alla porta 'na pora vecchia 'nfartata.»

«Certo, ma non sfidiamoli.» Amelia andò verso la torta e accese la candelina.

«Siete pronti?»
«Te sei pronta, regazzi'?»
«Credo di sì.»
«Daje, allora soffia e facce 'sti piatti.»
Amelia prima guardò loro, poi guardò la torta, infine guardò dentro se stessa, e soffiò sulla candelina glitterata.

«Non mi aspettavo di trovarvi a casa.»
«Giornata abbastanza libera» il padre le rispose dal divano.
Amelia era salita di corsa per cercare un maglione che aveva dimenticato in camera.
«Tanti auguri, tesoro.»
La madre uscì raggiante dalla cucina.
I suoi genitori erano entrambi lì, non li aveva più sentiti da dopo la discussione della sera prima e avrebbe voluto evitare ulteriori scontri.
«Grazie.»
«Sì, infatti, auguri. Allora, come ci si sente a trent'anni?»
«Più incasinata che a ventinove.»
«Quello non passa neanche a sessanta.»
«Non mi rincuora.»
«Non deve rincuorarti, è la vita» rispose Giulio, che aveva il gomito poggiato sul cuscino e adesso la guardava.
«Dài, vieni qui, siediti vicino a papà.»
Amelia si avvicinò.
«Io preparo del tè» disse Elena accarezzando il polso della figlia prima di tornare in cucina.
«Vieni qui, fatti dare un bacio.» Giulio strinse Amelia e senza lasciarla, sospirandole tra i capelli, aggiunse: «Forse sono stato un po' severo con te. Tanti auguri, uccellino».
«Grazie, papà.»
«Lo sai che anche tra altri trent'anni, quando tua madre sarà in una casa di riposo e io mi godrò la pensione in pace con la badante russa che cercherà di circuirmi, sarai sempre il mio uccellino, vero?»
Amelia annuì.

«Bene, questo è l'importante.»
Giulio tirò fuori il portafoglio.
Amelia intravide una bustina bianca. «Papà...»
«Non è mica carità! È il tuo compleanno, non saprei cosa regalarti.»
«Non ce n'era bisogno.»
«Non essere sempre così rigida.»
«Rigida?»
«Sì, rigida. Rigida.»
«Ho afferrato il concetto.»
«Non ne sono sicuro. Sei rigida con te stessa, con la tua vita e con tutto ciò che ti circonda.»
«Io non sono *così* rigida.»
«Pensi che non sappia perché oggi hai questa faccia? Perché ieri avevi questa faccia? Perché è da un mese che stai così? Cavolo, sono tuo padre, t'ho fatta io.»
Amelia increspò appena le labbra quando il tono di voce di suo padre si fece più alto.
«Devi smetterla di giudicare la tua vita. Devi smetterla di comportarti come se di anni ne avessi settanta. La tua vita deve ancora iniziare e tu, invece, stai qui a deprimerti e a piagnucolare su quanto tutto sia un casino. Te la devi togliere quest'ansia che non esiste.»
«Papà, non è come dici tu, oggi compio trent'anni e guardami: cosa ho fatto?»
«Dio, se mi fai arrabbiare. Non stai morendo.»
«Non inizierete di nuovo a litigare, vero?» urlò Elena dall'altra stanza, ignorata.
«Non si tratta di star morendo. Vivo in un mondo in cui quasi tutte le mie amiche alla mia stessa età hanno concluso qualcosa mentre io non ho nessuna certezza. Come si fa a essere sereni senza certezze io non lo capisco.»
«Non ti ho cresciuta per aggrapparti alla sicurezza di una certezza. È difficile? Sì, è difficile. La vita è difficile, non volevo dirtelo ma è così. Non esistono certezze neanche quando ci sembra vero il contrario. Tutto può cambiare in un attimo. Hai trent'anni, puoi accettarlo.»

Amelia sprofondò con la testa sul cuscino, chiuse gli occhi.

«Devi restare a galla, amore mio. Vedrai che poi andrà meglio.»

Amelia scattò sul posto, come appena risvegliata da un lungo sonno.

«Devo?»

«Cosa?»

«Cosa devo?»

«Cosa devi cosa? Sono confuso.»

«Papà, cos'hai detto che devo fare?»

«Ah! Restare a galla. Perché?»

«Scusa, papà, devo andare, ti voglio bene, e grazie del discorso.»

«Ma non lo prendi il tè?» aggiunse Elena in apprensione.

Amelia uscì di corsa dalla porta.

Quando entrò, la redazione era abbastanza vuota. Le pagine dei fumetti incorniciate alle pareti, i grossi tappeti di pelo colorato, quei tavolini bassi tipici delle riviste scandinave: l'insieme non era poi così malaccio, e le sfuggì un sorriso.

Una testa solitaria era abbassata su una poltrona defilata.

«Maria Camilla?»

La testa solitaria di Maria Camilla si alzò. «Amelia, ciao. Non mi aspettavo di vederti.»

«Sì, sono passata un secondo per vedere Daniel.»

«Ah. Le paperelle.»

«Sì. Quelle.»

«Fortunata! Avrei tanto voluto io quel pezzo. Quella storia è l'emblema filosofico dell'età postmoderna.»

Si era superata.

«Certo. Un po' Nietzsche, un po' Paris Hilton.»

Maria Camilla fece una smorfia confusa. Amelia sembrava certa della sua posizione fondata su convinzioni inesistenti che servivano solo per destabilizzare quella ciarlatana. Armi pari, no? D'altronde la riflessione sull'emblema filosofico dell'età postmoderna non era una tesi migliore di quella che vedeva accostata la grande Paris, regina indiscussa degli anni Duemila, al primo filosofo con cui fa fico riempirsi la bocca.

«Che idea creativa.»

La voce incerta di Maria Camilla si affacciò da dietro lo schermo rimasto aperto del MacBook.

«La definirei postmoderna.»

«Ah, ecco.»

«Sono sicura che anche tu avresti fatto un ottimo lavoro.»

Maria Camilla sorrise tra lo stordito e il compiaciuto.

«Ora sto scrivendo un articolo sul ruolo della donna in Messico.»

«Andrai in Messico?»

«No.»

«Ci sei mai stata?»

«Non serve.»

«Ah. Lo immagini.»

«Sì, mi documento. Serve a questo internet, no?»

«Sia benedetto chi l'ha inventato rendendoci il compito così facile.»

«Lo penso sempre.»

«Solo grandi pensieri.»

Maria Camilla sorrise, era palese che non fosse del tutto certa della buona fede dei commenti di Amelia, ma non avrebbe mai avuto il coraggio di chiederle: "Per caso mi stai prendendo per il culo?".

Meglio così, non avrebbe retto il colpo della risposta.

«Daniel comunque ora è con Tati, forse dovresti bussare.»

«Non voglio disturbarlo, lo aspetto qui.»

«Ah, ok.»

«Non ti do fastidio, vero?»

«No, no, tranquilla.»

«Se vuoi puoi continuare a documentarti sulle donne e il Messico.»

«Faccio dopo.»

«Come preferisci.» Amelia prese il telefono e iniziò a scorrere le notifiche. Era pur sempre il suo compleanno e in tanti sembravano esserselo ricordato, anche se forse non era troppo complicato ai tempi di Facebook. Internet rende tutti i compiti un po' più facili, no? Maria Camilla avrebbe potuto confermarlo.

«Sei venuta fin qui per consegnare l'articolo?»

«Una specie.»

Maria Camilla rimase in silenzio.

«Ero così emozionata della mia svolta che sono venuta qui. Certe cose non si possono comunicare in una semplice mail. Devi seguire il flusso.» Amelia fece una specie di ondina con la mano.

«Forte. Non vedo l'ora di leggerlo.»

«Per fortuna Nietzsche è morto ma speriamo che Paris non si offenda.»

«Cosa?»

In quel momento la porta di Daniel si aprì sulla faccia contratta di Maria Camilla.

«Ah, Amelia sei già qui.»

«Sì.»

«Vuoi entrare?»

«Certo.»

«Sei pronta?»

«Mai stata così pronta.»

«Bene. Mi piace questa energia, cara Amelié, accomodati, fammi sognare.»

Amelia salutò Maria Camilla con la mano prima di entrare.

Amelia era leggermente fuori orario, intenta a cercare di stendere due linee perfette di eye-liner. Ancora non ci riusciva, dopo anni di strenui tentativi. Sorrise ~~allo specchio~~ a se stessa, trovando che quelle due righe mai così uguali fossero un simpatico marchio di fabbrica da applicare sopra all'ombretto sfumato.

Virginia e Beatrice la stavano aspettando. Parlavano tra loro e, a volte, alzavano la voce, solo per dirle di sbrigarsi.

Amelia rispondeva «un attimo» ma continuava a truccarsi.

Stava in piedi, appoggiata a una mano, il collo allungato, il vestito nero velato che aveva comprato per un'occasione speciale e mai utilizzato, facendo niente di meno che questo: prendere, arrotolare, diluire il tempo necessario per rendersi conto d'essere inaspettatamente serena. Aveva deciso che poteva concedersi il lusso di rimandare qualsiasi tipo di pensiero che la scomponesse, perché c'erano molti più motivi per festeggiare che per non farlo.

«Allora? Che cosa abbiamo deciso?»

«Io e quale esercito?»

«Ma è una battuta di *Shrek*? No, non rispondere, non importa.» Virginia afferrò Amelia per il gomito e iniziò a tirare verso la porta. «Forza! O faremo tardi.»

«Ma tardi per cosa? Mica abbiamo un appuntamento.»

«Sono incinta: oltre a fare puzzette a tradimento, alle dieci mi viene sonno.»

«Ne hai appena mollata una?»

«Sì.»

«...»

«È colpa tua! Nello sforzo, per tirarti via dal bagno.»

«Ma che schifo.»

«Lo so, ma finché restano silenziose non è un gran problema.»

«Ti è capitato di farle rumorose?»

«Dal ginecologo.»

«Ok, ci sarà abituato.»

«E in fila da Zara. E poi c'è stata quella volta al supermercato. E anche in banca, l'avevo rimosso...»

«Cazzo, Virgi.»

«Sì, è stato imbarazzante, non me ne parlare.»

Beatrice, che non aveva ancora detto nulla, divertita si alzò dalla sedia, con la borsetta stretta sotto al braccio e le chiavi della macchina infilate tra le dita. «Andiamo?»

Virginia inarcò le sopracciglia in direzione di Amelia. «Andiamo?»

Amelia allora rispose: «Andiamo».

Virginia non aveva smesso di parlare un solo secondo dentro a quel SUV. Incastrava le parole una dopo l'altra senza mai finire davvero una frase, e senza la minima cognizione del tono della sua voce, decisamente oltre la soglia del tollerabile. Si muoveva eccitata, estremamente vicina al viso di Amelia, con le mani e le braccia che sembravano una specie di verme senza testa studiato in laboratorio per far salire la nausea.

Non fosse stata molto incinta, Amelia avrebbe pensato agli effetti di una striscia di cocaina, ma, in quella situazione, non se lo riusciva proprio a spiegare. Fosse stato almeno il suo, di compleanno, le avrebbe trovato qualche giustificazione.

Per un attimo aveva avvertito l'istinto incipiente di googlare: "È possibile sniffare cocaina inconsapevolmente?", ma poi aveva lasciato perdere, uno perché era assurdo pensare che nell'aria della sua cantina aleggiassero nuvole di coca, due (motivo principale) perché Virginia, presa dalla sua emorragia di esaltazione, non le avrebbe nemmeno lasciato il tempo di prendere il telefono, figurarsi di digitare una frase così lunga.

Beatrice continuava a guidare come se quel comportamento fosse normale. Amelia aveva cercato più volte di lanciarle un'occhiata nei vari specchietti a disposizione, ma, non appena Virginia la pizzicava a guardare in quella direzione, faceva peggio.

«Siamo arrivate.»

«Grazie a Dio.»

Amelia aprì lo sportello senza badare a qualsiasi altra cosa non fosse scappare da quella macchina. Appoggiò i tacchi a terra e alzò la testa.

Il loro bar.

«Ma...»

Guardò Beatrice e poi Virginia, che era stata l'ultima a scendere.

«Dài, andiamo. Non ce la faccio più a parlare per distrarti, devo bere qualcosa.»

«Non capisco.»

Ad Amelia veniva da ridere mentre camminava, e nessuna delle due sembrava avere la minima intenzione di rispondere alle sue domande. Attraversarono la strada continuando a ignorarla ed entrarono lasciandola indietro.

«Aspettatemi, non so camminare su questi cosi, non fate le stronze.»

Amelia spinse la porta con le mani, poi rimase senza fiato.

«Sorpresa!»

Il suo bar era pieno delle persone che amava.

Amici, famigliari, persone che per tutta una serie di impegni erano secoli che non vedeva, tutti saltellavano scomposti e urlavano sotto una pioggia di piccoli coriandoli metallizzati sparati a tutta velocità.

Subito le si avvicinarono per abbracciarla e baciarla e Amelia era incredula e felice nella sua bolla di confusione.

Sentì gli occhi inumidirsi.

Si era dimenticata la sensazione totalizzante di un cuore che non riesce a contenere un maremoto di gioia non calcolata.

Strinse i suoi genitori, contemporaneamente, con la testa piegata sulla spalla di suo padre, e una mano che cingeva il cappotto a toppe della madre.

Strinse le sue migliori amiche, ripeté grazie infiniti a un millimetro dalle loro orecchie.

Per tutto questo tempo non si era resa conto di quanto in realtà fosse fortunata, di quanto amore la circondasse in silenzio.

Non aveva fatto altro che preoccuparsi, rincorrersi, affannarsi, per cose che non erano affatto importanti come credeva, o meglio, non tanto importanti quanto quello che stava accadendo per lei in quel momento.

Per una sera poteva concedersi il privilegio di fingere che l'indomani avrebbe trovato una soluzione a tutto, senza buchi nello stomaco.

Amelia salutava chiunque.

Forse, in quel bar, nel suo bar, non si era ancora accorta di essere proprio chi voleva essere, semmai giusto con qualche aggiustamento qua e là ai piani stabiliti sulle note di un cellulare. Del resto la perfezione, si sa, non esiste, e in fondo tende anche a essere piuttosto noiosa.

«A regazzi'.»

«Ci siete anche voi?!»

«Certo, che te pare che nun ce venivamo?»
«Non so cosa dire.»
«C'è pure Milvia, qua, guarda. Vio'?»
Viola le porse un telefono. Milvia era in videochiamata.
«Sposta 'n po' 'sto coso, ah ecco, ancora auguri eh. Ma me senti?»
«Sì, ti sento, c'è un po' di confusione. Ma come hai fatto?»
«Ho chiesto ar dottore qua, quello giovane e caruccio. Ce dovevo stà pure io a guardatte, no?»
«Certo!»
«Te pare che se fa 'na festa senza de me?»
«Assolutamente no.»
«Te stai a divertì?»
«Sì.»
«Bene, eh. Mo' chiudo che co' tutto 'sto casino me scoppiano l'orecchie.»
«Ok.»
«Ma come se chiude 'sto coso! Dotto'? dotto'? Ma 'ndo è finito mo' questo...»
«Ciao!»
«Dotto'? Mo rimango così? Ch'avemo deciso qua?»
Lidia prese il telefono. «Vai, regazzi', ce penso io qua.»
«Ci vediamo dopo, ok?»
Lidia annuì. Alberto e Viola le arrossarono le guance con un bacio caldo.
Subito dopo Virginia e Beatrice la strapparono nuovamente alla folla e la trascinarono al centro – dovevano aver obbligato il proprietario a spostare i tavoli ai lati della sala –, pronte a ballare insieme a lei.
Amelia seguiva i loro movimenti imperfetti mentre sentiva il ritmo impossessarsi del suo corpo, il quale reagiva senza che lei dovesse preoccuparsene. Tutto, per una volta, era l'estasi del qui e ora.
«Non vi ringrazierò mai abbastanza.»
«Che dici? Non ti sento?»
«Siete le amiche migliori del mondo.»
«Eh? Alza la voce!»

«Leggi il labiale.»
«Amelia, c'è la musica.»
«Sei diventata sorda? Io riesco a sentirti.»
«Bea, puoi tradurmi ciò che sta dicendo?»
«Che sei sorda, perché lei ti sente.»
«Non sono sorda.»
«Cioè senti Beatrice ma non senti me?»
«Dice che se senti me dovresti sentire anche lei.»
«Ma che c'entra?»
Amelia prese il polso di Virginia e la attirò a sé.
«Grazie. Non avrei potuto chiedere di meglio.»
«Oh no.»
«Oh no, cosa?»
«Adesso inizio a piangere come una fontana. Mi rovinerò tutto il trucco.»
«Perché stai piangendo?»
«Non so se sono felice o se sono gli ormoni.»
«Mentre ci pensi vado a prenderti un fazzolettino.»
«Ok, ma non urlarmi nelle orecchie!»
Amelia si allontanò e dopo aver recuperato un tovagliolo si avvicinò a prendere qualcosa da bere. Si sentiva la gola secca, incerta sul motivo: era l'improvvisa felicità oppure erano stati gli urli a Virginia in mezzo alla pista?
Doveva rifletterci bevendo un bicchiere d'acqua.
«Posso salutarti?»
Riconobbe la voce e, prima di sentire la nota dolce menta, risputò istintivamente l'acqua nel bicchiere e si voltò.
«Come...»
«Mi hanno chiamato.»
«Ti hanno chiamato?»
«E sono state parecchio insistenti.»
«Ah!»
«Sto scherzando. Cioè sono state davvero insistenti, in realtà, ma non ce n'era bisogno.»
«Non ho idea di come abbiano rimediato il tuo numero.»
«Per fortuna lo hanno fatto.»
«Sì.»

Amelia si specchiò in quegli occhi imperturbabili. «Dovevo mettermi un paio di tacchi per non vederti così alto.»

«Ti stanno bene.»

«Non ti ci abituare. Fanno un male cane. E non ho nemmeno le scarpe di ricambio.»

«Sei molto bella stasera, cioè in realtà sei bella sempre, ma anche questa sera...»

«Grazie.»

Si scambiarono un sorriso velato d'imbarazzo.

«Niente nani allora?»

Amelia scosse la testa. «No. Niente nani. Le mie amiche non sono così aggiornate.»

«Cercheremo di divertirci lo stesso, sopperendo a questa mancanza.»

«Senza ombra di dubbio.»

Federico le passò una mano sul braccio, una carezza. Amelia deglutì farfalle.

«Devo dirti una cosa.»

«Certo.»

«Ho lasciato Andrea. È finita.»

Lui annuì senza dire nulla.

«Ho bisogno di tempo, però.»

«Non devi giustificarti.»

«Ho bisogno di tempo per capire me stessa, per elaborare ciò che è successo. Mi sento una cretina, scusami.»

«Amelia...»

«Ma tu mi piaci, e tanto. Voglio stare con te, ma sento che ora non sarebbe la cosa più giusta. Non ti sto chiedendo di aspettarmi.»

«Non devi chiedermelo, infatti.»

«Certo, io non potrei.»

«Sono io che voglio farlo. Ritrova il tuo equilibrio, fa' ciò che devi. Io sono qui.»

«Io non mi merito tutto questo.»

«Quando capirai che in realtà non ti meriti niente di meno, sarai pronta per tornare.»

Amelia gli strinse la mano.

«Vai, ora,» le disse «stanno aspettando tutti te.»
«Nel frattempo non dobbiamo smettere di vederci.»
«Non potremmo nemmeno se volessimo, lavoriamo nello stesso posto!»
«Tu potresti licenziarti.»
«Chi te l'ha detto?»
«Nina.»
«Certo che ha la bocca larga.»
«Nemmeno troppo, ha aspettato anni a dirmelo.»
«La ringrazierò, allora.»
«Io invece non potrò farlo, licenziarmi intendo. Non potrò farlo mai più.»
«Perché?»
«Ho mollato gli hipster.»
«Cosa?»
«Sì, ho lasciato il lavoro. Ma ho scritto comunque l'articolo. Per me stessa.»

Era il 1992 quando la Ever Laurel *salpò da Hong Kong diretta a Tacoma.*

A bordo della nave non c'erano passeggeri, animali o scorte alimentari, ma circa 28.800 paperelle galleggianti destinate ad affollarsi sugli scaffali di mezza West Coast.

Pochi giorni dopo la partenza, per l'esattezza il 10 gennaio 1992, una forte tempesta si abbatté sul Nord del Pacifico e, di conseguenza, sulla stessa Ever Laurel *che lo stava attraversando.*

La nave perse tre container: il risultato furono migliaia di paperelle di gomma disperse in mezzo all'oceano.

Queste ultime, non potendo sapere tutta la faccenda della tempesta, dell'oceano e dell'approdo concordato, continuarono imperterrite a restare a galla, trasportate dalla corrente.

Ed è qui che uno giustamente si chiede: "E quindi? Cosa c'è di speciale in questa storia?".

Sarò sincera, mi sono fatta anch'io le stesse domande per giorni, scrivendo, cancellando e riscrivendo questo articolo, e stavo per desistere quando inaspettatamente mi sono resa conto di una cosa.

Io sono quelle paperelle.

Oggi ho compiuto trent'anni e se qualcuno mi chiedesse se era proprio così che avrei immaginato la vita a trent'anni la mia risposta sarebbe chiara, senza esitazioni: assolutamente no.

Ho sempre dipinto per me un futuro roseo, definito, lontano da buchi neri che potessero inghiottirlo, il futuro in cui ero degna di essere un'amica brillante, una giovane donna in carriera, una moglie spensierata, una madre modello.

Non avrei mai creduto di ritrovarmi a scrivere articoli senza uno straccio di contratto, di andare a letto ogni notte, dopo aver servito tavoli di adolescenti ubriachi e molesti, con le orecchie stanche, i capelli unti e gli occhi di un panda, né, tantomeno, avrei pensato di lavorare a tempo quasi pieno come dog-sitter, addirittura scontando una sincera apprensione per un cane che, con tanta fantasia, ricorda un attore.

La verità è che forse, se le cose fossero andate esattamente come prestabilito, mi sarei persa tante di quelle piccole deviazioni che hanno reso la mia vita così com'è. Una vita piena di incastri, eventi inattesi.

Non mi sarei mai seduta sulla panchina di quel parco e non avrei conosciuto i miei quattro vecchi amici, e ora non riuscirei mai a immaginare di cavarmela, fosse pure in una vita perfetta, senza la loro guida.

Probabilmente non sarei mai diventata così multitasking: anni di esercizio passati ad asciugare le mutande mentre faccio colazione, mentre guardo il calendario sul cellulare, mentre penso a cosa indossare sopra alle mutande, eccetera.

Non mi sarei mai decisa a guardare in faccia la mia sofferenza, che avrei continuato a scambiare per indifferenza.

Non mi sarei inavvertitamente innamorata.

Sarei diventata qualcun'altra, magari migliore, ma questo non posso saperlo.

Forse avrei avuto comunque la perenne sensazione di essermi persa qualcosa.

Come quelle paperelle ho pensato, e in fondo desiderato, di essere stata progettata per una piscina, e come loro, inconsapevolmente, mi sono ritrovata a nuotare nel bel mezzo di un oceano che non avevo cercato.

Ma senza rendermene conto, mentre credevo di stare affogando, sono rimasta a galla.

E, forse, è proprio questo il segreto.

La vita a volte ti fa fare dei giri incomprensibili, capita di perdersi, di allungare la strada, di bagnarsi le caviglie, ma credo che il trucco sia imparare a lasciarsi andare, ogni tanto, in balia della corrente.

Se devo essere sincera non so ancora se l'ho capito appieno, probabilmente continuerò a scrivere note e liste su dove devo arrivare, e su come e quando, ma prometto di cercare, d'ora in poi, di lasciare un po' di spazio all'imprevisto.

Non abbiate paura che il mondo, oltre i confini che avete immaginato per voi stessi, sia un oceano in tempesta pronto a travolgervi e a trascinarvi a fondo. Dovete solo trovare il vostro personale modo di restare a galla. Questo basta per essere felici, almeno un po'.

Quando vi sembrerà di sentire l'acqua filtrarvi nei polmoni, sputatela, e tenete sempre a mente che, se il 10 gennaio del 1992 ce l'hanno fatta 28.800 paperelle di gomma, potete farcela anche voi.

Ringraziamenti

C'è questa cosa che faccio ogni volta che finisco di leggere un libro: corro alla pagina dei ringraziamenti.

Può sembrare paradossale per certi versi (dove vuoi cercare l'autore se non nella sua stessa storia), ma ho sempre pensato che questo spazio fosse prerogativa della persona, prima che dello scrittore.

Capirete, quindi, che ne avverto il peso ~~e spero di cavarmela in qualche modo~~.

Ringrazio i miei genitori, Carla e Fabio, per aver letto per me prima che sapessi farlo da sola e per tutto il resto, perché un figlio non smette mai di aver bisogno di buone storie e infinito amore. Sarete sempre la mia casa perfetta.

Devo ringraziare anche Margot, senza di lei questo libro avrebbe perso un parco, quattro anziani, e molti cani.

Grazie a Leonardo per avermi tenuta in equilibrio durante tutto il percorso, non avrei potuto chiedere spalla migliore.

Grazie a mia nonna Renata ~~per aver obbligato tutto il condominio a comprare una copia del mio libro~~, a mia zia Sandra, a mio cugino Andrea e a tutto il resto della mia grande famiglia, acquisita e non, vi voglio bene.

Grazie a Valentina, Flavia e Rosa, non avrei saputo parlare di amicizia se non vi avessi incontrate, siete le sorelle che ho scelto per questa vita, e se possibile vi prenoterò anche per la prossima, promesso.

Grazie ad Alessia, che si è prestata a essere la mia lettrice scelta da pagina uno, grazie a Camilla, che in realtà si chiama Maria Camilla, ama i gatti, e fortunatamente è autoironica, e grazie a Barbara a cui spero il libro piaccia, altrimenti non finirò mai di ascoltare le sue critiche. E grazie a tutti gli altri, ho la fortuna di avere molti amici, bello nella vita, leggermente scomodo nei ringraziamenti.

L'arte di restare a galla è nato a Torino, nei due anni più avventurosi, emozionanti e totalmente non ordinari della mia vita; non posso quindi non ringraziare ~~le persone~~ gli amici che li hanno scritti insieme a me: Pietro Santini, Claudia Grande, Brian Jäger, Nicola Dardano, Francesco Aloia, Jacopo Milani, Gianluca Grazioli, Francesco Morrone, Fosca Salmaso, Jacopo Silenzi.

Grazie alla Scuola Holden per avermi dato la seconda casa che mi manca ogni giorno.

Grazie a Emiliano Poddi per avermi spinta costantemente a dare il meglio, e grazie a Raffaele Riba per avermi accompagnata, barrato dopo barrato, verso questo futuro.

Grazie alla mia agenzia, la Piergiorgio Nicolazzini, e soprattutto grazie alla mia agente, Arianna Miazzo, per avermi scelta e per credere in me più di quanto a volte sappia fare io. Grazie per aver curato questo libro come fosse tuo, saranno giorni duri per il tuo WhatsApp e le mie ansie, mix fatale, ma tu non demordere.

Grazie alla Mondadori, in particolare alla mia editor, Linda Fava, per essere stata con me in questo oceano meraviglioso, a Massimiliano Borelli che si è assicurato che tutto fosse pronto e a Virginia Taroni che mi ha regalato una copertina bellissima.

E, infine,

grazie a Te, che hai preso questo libro senza sapere chi io sia, grazie per avermi concesso un po' della tua fiducia e del tuo tempo, spero di averti fatto sorridere.

Mondadori Libri S.p.A.

Questo volume è stato stampato
presso ELCOGRAF S.p.A.
Stabilimento - Cles (TN)

Stampato in Italia - Printed in Italy